经典古诗文里的作文课

写景有技巧

殷博文 著

朱菲菲 绘

山东教育出版社
·济南·

图书在版编目（CIP）数据

写景有技巧 / 殷博文著 ; 朱菲菲绘 . — 济南 : 山东教育出版社 , 2024.6

（经典古诗文里的作文课）

ISBN 978-7-5701-2992-8

Ⅰ . ①写… Ⅱ . ①殷… ②朱… Ⅲ . ①小学语文课—教学参考资料 Ⅳ . ① G624.203

中国国家版本馆 CIP 数据核字 (2024) 第 079888 号

XIE JING YOU JIQIAO

写景有技巧 　　　　　　　　　殷博文 / 著　　朱菲菲 / 绘

出 版 人：杨大卫

主管单位：山东出版传媒股份有限公司

出版发行：山东教育出版社

　　　　　地址：济南市市中区二环南路 2066 号 4 区 1 号　　邮编：250003

　　　　　电话：（0531）82092660　　网址：www.sjs.com.cn

印　　刷：雅迪云印（天津）科技有限公司

版　　次：2024 年 6 月第 1 版

印　　次：2024 年 6 月第 1 次印刷

开　　本：787 毫米 × 1092 毫米　1/16

印　　张：10

字　　数：142 千字

定　　价：42.00 元

（如印装质量有问题，请与印刷厂联系调换）印厂电话：010-85854482

主要人物介绍

枣儿

小学生，活泼好动，喜欢冒险，比小丸子大六个月的表姐。读书的时候遇到了失去神力的福龙并成为朋友。为了帮助福龙找回力量，她和小丸子一起踏上了旅程。她聪明勇敢、好奇心强、热心善良，但是也顽皮霸道、古灵精怪，经常开小丸子的玩笑。

小丸子

小学生，比枣儿小六个月的表弟，陪着枣儿探险，并完成任务。他低调内敛，有男子汉气概，在遇到危险的时候，会挺身而出保护枣儿。他博学睿智，总能在危机时刻展现出智慧，化解危局。平时沉默寡言，被枣儿开玩笑也不生气。

福龙

传说中具有神秘力量的龙，神力凝结在龙鳞上，散失到了各个时空中。会带着枣儿和小丸子时空穿梭，也会在他们遇到危险的时候使用神秘力量化险为夷。

珺珺

小丸子的宠物熊猫，见多识广，具有百科全书一样的知识储备，是枣儿和小丸子最得力的帮手。

目录

 我们掉落的地方是一方池塘，池塘里有一群鹅，正在悠闲地游来游去。

 我看看，池塘是在村口，可是奇怪，不见一个村民。那边好像是一座古朴的小村庄。

 说明福龙感受到的环境应该是池塘。

 好，那么我们就先观察池塘。

 哎呀妈呀，这群鹅突然伸着脖子叫起来，声音还真是洪亮，吓了我一跳。你看，在阳光的照耀下，大鹅的毛色纯白发亮。 我心里忽然有了一个想法，这里或许藏着找到龙鳞的关键信息，但是我想让你再猜一猜。你能猜到吗？

嘎嘎嘎！

我跟你看到的景色可不太一样呀。我抱着的这棵大树很粗壮、枝繁叶茂，在这里能看到天气晴朗、万里无云，往下看池水碧绿，像一块美玉，倒映着周围的一切——柳树柔软的枝条、茂盛的野草、奇形怪状的石头……

你描述的景色很难猜，可能跟你掉落的位置有关。可是，你那里也能看到大鹅对不对？我的位置离大鹅更近，我能看到大鹅的红色脚掌在池水里划动，泛起层层清波。小丸子，我已经有答案了，我们找到关键信息了！

咱们看到的景色有差别，你确定你心里的答案是对的？

我不确定，但是不试试怎么知道呢？璐璐，我猜关键信息应该是《咏鹅》，骆宾王的《咏鹅》！你知道骆宾王是谁吗？

回忆中……

咏鹅

[唐] 骆宾王

鹅，鹅，鹅，
曲项向天歌。
白毛浮绿水，
红掌拨清波。

您好，我们是来找龙鳞的。

什么龙鳞？这里没有什么龙鳞。

您好，我们听闻这里有一位少年天才，名叫骆宾王，七岁能作诗，而且他的诗被人们广为称道。我们想拜会这位天才，向他请教写作的妙法。

哈哈，我就是骆宾王，可是我不是什么少年天才，就是个刚刚开蒙、认识几个字的普通小孩。向我请教写作妙法恐怕要让你们失望了。

您不必谦虚，我们是不会找错的。您的一首《咏鹅》流传后世，是每个刚刚入学的孩子都要学习背诵的，您的大名家喻户晓。

真的？那首诗是前几天我陪家父招待客人时，客人命题，我随口吟诵的，才几天的工夫就已经尽人皆知了？你们不会骗我吧？哪儿有这么夸张，你们怎么会知道它能流传后世呢？

不瞒您说，我们就是从后世来的，您的诗作的确流传了千百年，成了每个孩子诗歌启蒙的必读之作。我们还知道您那里一定有一片龙鳞，否则您也看不到我们。龙鳞是属于福龙的，上面带有福龙的神力，我们要帮助福龙找回龙鳞，收回神力。

既然这样，我也就不瞒你们了，我这里确实有龙鳞，我一直在等你们。可是想拿回龙鳞不是那么容易的，你们要破解我这首《咏鹅》的招数，还要给我讲讲，我在未来会变成一个怎样的人。

达到我的要求，龙鳞才能给你们。

我先来说说关于您的信息吧。后世把您和王勃、杨炯（jiǒng）、卢照邻一起，合称"初唐四杰"，可见您富有才名。您的诗歌物我合一，格律谨严，很有自己的风格，革新了初唐时期浮靡的诗风，影响了后世很多诗人的风格。您的文章写得也好，呈现出激越昂扬的大境界，在文坛产生了很大的影响……至于您的未来，天机不可泄露，如果泄露了天机，您的命运就会发生改变。我们告诉您也没有用，您就按照本心去成长就好啦。

谢谢你们告诉我这些，我很开心将来在诗歌和文章上能有这样的成就。

来吧，拆招吧！我期待你们对我的诗歌的解读。

　　您招数的妙处需要用心去感受，我们到这里后感受到了清新欢快、朴实自然的生活氛围，感受到了您至纯至真的心性，感受到了美。可是您的招数并不华丽，首先是多么直白的三声称呼啊，让人仿佛看见一个孩童看到大鹅在池塘里游动后欣喜大叫的样子，一下子就把我吸引住了。大鹅弯着脖子的样子，游动的身姿，被您描写得直白又生动，朴素又自然。您用了不到二十个字，就把鹅的样子和情态真真切切地展现在我们的眼前，真是太了不起了。

　　谢谢你把我的诗歌说得这么好，我只不过是用孩童的眼光去观察，用孩童的语言把观察到的事物记录下来罢了。这一招叫作"捕形网"，虽然我不觉得这是个厉害的招数，但有的时候大道至简，不需要多么复杂，把事物的外形捕捉到心里，再用简练的笔墨直白地描摹出来就可以了。这样事物最直观的样子就能够轻而易举地呈现在人们面前。我这个招数其实没什么玄机，不过被你们夸赞，我还是很开心的。

11

您太谦虚了，这一招可以说是很多复杂招数的基础，没有敏锐的观察力和熟练的语言驾驭能力很难做到。比如让我捕捉鹅的信息，我可能一会儿看脖子，一会儿看肚子，一会儿看羽毛，一会儿看脚，面对这么多杂乱无章的信息，毫无头绪。但是您的"捕形网"一出，抓住了事物最有特色的情态，形象就跃然纸上，不需要再画蛇添足了。今天我才明白，简单的方法里也有大乾坤，谢谢您。

嘿嘿，小姐姐，被你这么一夸，我都有点儿不好意思了。

您招数的精妙之处还不只如此呢，您的第二招是"五光十色"，这一招很多成熟的大作家也会用。您关注到的是鹅毛的白，池水的碧绿，水下脚掌的红，以清波为界，洁白的羽毛浮在水面上，红宝石一样的脚掌潜藏在水面之下。诗句写颜色简单又鲜明，读起来就像一幅儿童的简笔画，用大面积的色块来填涂，给人最直接的视觉冲击。我感受到您蓬勃的生命力，如朝阳一般的稚子之力，欢欣明快，简单清透。您的观察能力，抓住事物最突出特征的能力，用最简练的语言描摹事物的能力，都让我们佩服。看似最简单的招数往往是最难的，也是我们最想学习的。

哈哈，谢谢你们如此欣赏我。小哥哥，你答对啦，我的第二个招数正是"五光十色"！

除了外形和情态，色彩也是观察的必修课。大自然不缺少美，而是缺少发现美的眼睛。我们人类的眼睛可以识别那么多种颜色，色彩能够唤起我们心中的美感。如果不观察记录色彩，真是太可惜了。你们看，我并不是什么神童，我就是一个普通的小孩子，我用小孩子的眼睛去看世界，用小孩子的心去体会世界，用小孩子的语言去描绘世界，仅此而已。

您知道吗，小孩子如果写出大人那样成熟的文章，会有故作高深的感觉，我们就是小孩子，用我们的视角观察世界、理解世界，这才是最宝贵的。所谓神童，是你能把心中所想表达清楚，这已经很了不起了。谢谢您为后世的孩子们创造了写作绝招。

真的吗？那太好了，有了你们的肯定，我不再那么执着地想要知道长大之后的样子了，我要好好珍惜现在，珍惜成长过程中的每一天。如果你们觉得我的招数有用，就尽管拿去用吧。很感谢龙鳞选择了我，像我这样出身寒微的人，本来不指望有什么大出息，是龙鳞的神力给了我勇气，是你们的肯定给了我信心。小哥哥小姐姐，我好想跟你们一起时空穿梭，去看更广阔的天地。

你还小，还有无限的可能性，千万不要妄自菲薄。再说，你的才华将会穿越时空，永远闪耀在华夏大地，这才是最了不起的时空穿梭。

谢谢你们，我这就把龙鳞还给你们。

龙鳞回收成功！

福龙，龙鳞回收成功了，神力也会回来对吗？

不是的，要经过试炼，神力才会回到我身上。

现在龙鳞打开了试炼场，大家要去试炼刚刚学会的招数吗？

当然！

15

　　在《咏鹅》中，作者骆宾王用寥寥数笔就勾勒出池塘里欢快游动的白鹅形象，这是靠着卓越的观察能力和表达能力实现的。如果让你观察小动物，通过两三个特征就把小动物的情态描绘出来，让读者猜到你写的是什么，你能做到吗？

　　试着回答以下问题，训练自己观察和状物的能力。

　　你想观察的动物是什么呢？

　　它会叫吗？它的叫声独特吗？

　　它有哪些独特的外形特征？比如：它有几只脚？它的腿是长的还是短的？它有尾巴吗？它的尾巴是长是短，又是什么形状的？它的耳朵长吗？它的脖子长吗？

　　它有毛吗？它的毛是什么颜色的？它的毛是卷的还是直的？

　　它有什么习性？它喜欢吃什么？

　　它在玩耍的时候会做出什么动作？

原来可以从这么多角度观察动物，我可以先画一只小动物，再给它标注平时观察到的特征。看着这张图，我就知道该怎么写关于动物的作文啦。通过以上这些问题，观察一种动物，把你观察到的动物的特点写下来吧。让你周围的人读一读，看看大家能不能根据你的文字猜出来你写的是什么动物。

大耳朵

打着卷的短尾巴

鼻子突出
鼻孔又大又圆

叫声呼噜呼噜

粉色的皮肤，胖墩墩的身材

大自然色彩缤纷，你能用文字准确地描绘出事物的颜色吗？

你都观察过哪些树木？

早春柳树刚刚发芽时，柳叶是什么颜色的？

春末夏初，柳叶繁茂时是什么颜色的？

夏末秋初，略带凉意的风吹落的柳叶是什么颜色的？

深秋万物凋零，柳叶又是什么颜色的？

除了柳树，你还观察过什么树？是长满了金灿灿的、像小扇子一样层层叠叠的银杏叶的银杏树，还是火一样的枫树？是四季常青的灰绿色松树，还是树干灰白色的白桦树？

当我们去公园、去树林，里面很可能不只有一种树，不同的树呈现出哪些不同的颜色？

在不同的季节、不同的天气里，树又会展现出怎样不同的色调？

以前每一次描写树木，我只会写"绿油油的""翠绿色的"，没想到树木的颜色这么丰富啊。趁这个机会，我要制作一本《树叶标本大全》，搜集不同颜色、不同形状的树叶。我到过的地方越多，遇到的树木越多，搜集到的树叶颜色肯定就越多，到时候这本《树叶标本大全》就越来越厚啦。

哇，我已经产生兴趣啦，到时候你能不能借我看看？

没问题呀，我们一起搜集，今天我们就把观察到的树木的颜色写下来吧。

快看，天空中有一张卡牌！

那是你们搜集到的技能卡牌，代表着你们可以装备的技能。枣儿、小丸子，快把它收起来，咱们的装备就升级啦。

好！

骆宾王

装备升级 ↑

▶▷ 人物介绍

　　骆宾王，唐朝诗人，与王勃、杨炯、卢照邻合称"初唐四杰"。骆宾王年少时就有诗名，擅长五言律诗和七言歌行，擅骈文。

▶▷ 绝招描述

捕形网

　　观察事物的外形、神态、习性等，抓住最突出的特征进行描绘，就能让事物栩栩如生。

五光十色

　　观察事物的颜色，用文字准确描绘出事物的色彩，多种色彩的组合可以让人在脑海中想象出画面，给人美的享受。

▶▷ 诗歌大意

鹅，鹅，鹅，
弯着脖子向天空鸣叫。
洁白的羽毛漂浮在碧绿的水面上，
红红的脚掌拨动着清清的水波。

21

第二章

《九月九日忆山东兄弟》

触景遐思

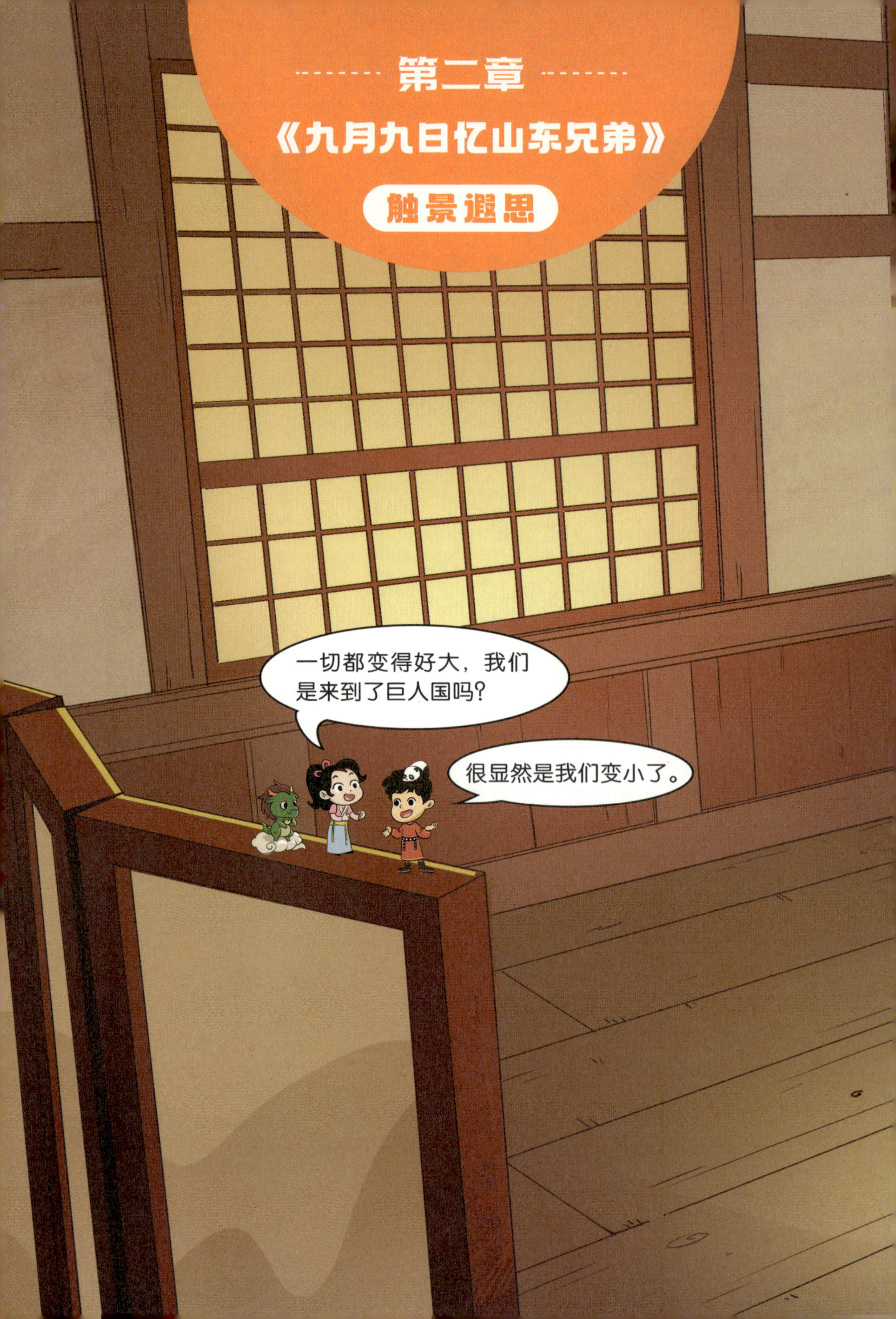

哎呀，我当然知道，但是这种经历好奇妙啊！我眼前的一切就好像是用放大镜在看一样。啊，巨兽！是蚂蚁？！这么大的蚂蚁！我们……我们不用躲开吗？

冷静点儿，枣儿，别忘了我们是时空旅行者，不能改变这个世界的一草一木，反过来说，这世界的一切也都伤害不到我们。

那就好，那就好，吓死我了。虽然害怕，但是感觉好刺激，好新奇，让我再多观察一会儿。

注意看，这个场景里有人，就是最重要的信息来源。现在我要开始观察记录信息了。这个人很年轻，感觉也就十六七岁的样子。他好像有点儿不开心，一个人在房间里一言不发。他为什么不开心呢？

是不是我眼睛花了，我怎么看到油灯中有另外一幅画面呢？

那里好像是一座山，山上有一些人，但是朦朦胧胧看不清楚。福龙不是说过，时空穿梭后，如果看不清楚，就说明不重要，跟龙鳞力量的关系不大吗？

不对，如果是在同一个画面里有些看不清的事物，那说明跟龙鳞关系不大，但是我们现在遇到的是同一个时空里有两个画面。这里没有海，也不是沙漠，肯定不是海市蜃楼。我们时空穿梭后看到的画面应该不会毫无来由地出现。

小丸子说得对，我能感受到油灯中的画面也凝结着龙鳞的神力，说明那里有很重要的线索。

可是现在我们的视线受限，我们太小了，离油灯太远了，根本看不清楚。福龙，有没有办法让我们凑近一些看看？

还好我们变小了，耗费的神力不多，我应该可以给大家变出翅膀，让大家飞过去看。虽然这个世界的事物伤害不到我们，但是我也要提醒大家，不要被这个世界的人发现，不要影响这个时空原有的场景。

没问题！

凑近了看，依然不是很清晰，但是能够辨别出来一些事物了。小丸子，咱们顺着观察顺序记录吧，你看，油灯中的世界里，山上很多的树都变黄了，半红半绿的那是枫树吧？这么看，油灯中的画面应该是秋天了。山顶上这些人的头上都插着盛开的花，有黄色的，也有红色的。他们手里还握着酒壶和酒杯，看样子是一场愉快的秋游啦。

好的，记下来了。我观察的也是人，我注意到画面中人们的表情好像并没有多开心。照理来说，他们出门秋游，风景又那么美，应该心情愉悦才对，为什么都不开心呢？

咱们再细细观察，看看有没有遗漏什么线索。

我感觉，今天我们要闯的关不像是一首写景诗，眼前的景色和油灯世界里的景色差异太大了，谁会在一首诗里写两个差异这么大的场面，还要清晰可见、特点突出。

客官，今天是重阳节，本店特给每位住客送一株茱萸、一壶菊花酒。我现在可以送进去吗？

咚咚咚！

咚咚！

你们听到了吗？很重要的线索，客栈的伙计给这个年轻人送花和酒来了，说是茱萸和菊花酒呢。这是不是古代的客房服务呀？

你们再仔细听听，外面隐约有歌舞的声音，大家好像都很开心，是在庆祝什么呢？是不是什么节日？可是房间里这位年轻人却不开心。他不开心，跟这茱萸和菊花酒有关吗？

我知道了，应该是重阳节！重阳节有登高，采茱萸插在头上或者系在胳膊上，以及喝菊花酒的习俗。

太好了，这是很重要的一条线索。我们来整理一下搜集到的信息，看看能不能梳理出头绪。首先今天是重阳节，所以油灯世界里的花很有可能也是茱萸。其次，能看出来客栈里的这位大哥哥跟外面的人不一样，他很不开心，为什么呢？因为他客居在外。对，他不开心是因为想家！

没错！他想家，想家里的人，家里的人在干什么呢……我知道啦！油灯世界是他的想象！一定是的！油灯世界里的人就是他的亲朋好友，他们登高望远，赏花喝酒。可是这个大哥哥没有和他们在一起，所以他们也不开心……枣儿，你是不是也有答案了？

当然！我猜出来了，是王维的《九月九日忆山东兄弟》！璐璐，快，给我们科普一下王维！他可是有名的大诗人，我想多了解了解他的故事。

回忆中……

九月九日忆山东兄弟

[唐] 王维

独在异乡为异客，
每逢佳节倍思亲。
遥知兄弟登高处，
遍插茱萸少一人。

你们来啦！

您知道我们要来？

我不知道你们什么时候来，但是我希望你们快点儿来，我好完成任务，然后无牵无挂地去体验人生。

您不怕我们取走龙鳞，您的才华会受到影响？

哈哈哈，得失往往只在一念之间。难道不是龙鳞因为我的诗才选择了我吗？再说，原本就不属于我的东西，又谈何失去呢？

您的话真有深意，您字摩诘（jié）是不是从佛经中来的？

是的，你们这么了解我，很令我惊喜。

我们还知道更多。您是盛唐时期著名的山水诗人、画家，与孟浩然合称"王孟"。因为您笃信佛教，诗中有禅意，所以后世称您为"诗佛"。您的山水诗歌都非常有画面感，恬淡、高远，富有意境。

我只是一个普通人。志向是让国家昌隆，四方太平，百姓安居；志向在远方，就寄情于江河湖海、田园屋舍、焚香抚琴、吟诗作画……这世界太美了，要用心感受。

来吧，取走龙鳞，你们也去体验这精彩的人生吧！

　　刚刚我就注意到，您形单影只坐在油灯前，外面的热闹似乎与您无关。您独自一个人在异地他乡漂泊，和外面的其乐融融格格不入。您的这种孤独感扑面而来，简单而又直接。您是著名的诗人、画家，您对色彩、美景的感受力肯定比我们强，肯定比我们更能体会到重阳佳节是秋游登高赏景的好日子，也是全家团圆的日子。从前您在家里，每年重阳节想必都是和家人一起度过的，留下很多美好的回忆。但是今年您为了实现理想客居他乡，连节日都不能和家人团聚，您肯定更加想念家乡的亲人。只是我没想到，您把这种思念原原本本、不加任何修饰地抒发出来，给了我们很大的冲击，让我们一下子就理解了您的感受。大道至简，您简单直接地表达浓郁的情感，这不就是"直吐胸怀"吗？

有知己者如此，我心甚悦！

　　"直吐胸怀"讲求的就是直接，就是赤诚，就是扑面而来，就是把内心最热烈的情感表达出来。它常常放在诗文最后，是文章结尾的必杀技，让所有人都理解你的心情和感受。当然，也可以在诗文一开始就用，将文字的力量先入为主地传递出来，利于感情抒发，后面再补充其他内容，让读者更理解你的情感是怎么来的，为什么会如此强烈。比如，你面对一场没有把握的比赛时，感觉到十分紧张，开头就可以描述自己"从来没有像今天这么紧张过"。后面就可以运用其他写作手法，解释为什么这场比赛让你如此紧张。读者在开头已经知道你很紧张了，他们就会带着好奇继续读下去。明白了吗？

我明白啦，原来是这样。您让世世代代奔波于他乡的游子有了知音。他们在不知道如何表达思乡之情的时候，就会发自肺腑地吟诵出您的名句。但是我最想说的是后面的招数，实在是太巧妙了。一般情况下，您在诗的前两句已经把情感表达得这么热烈直接了，后面就很难接住这两句话的分量，但是您四两拨千斤，不再写自己，而是写想象中您家乡兄弟们登高的场景。他们像往常一样，登高远望欣赏美好的秋景，采集茱萸，举杯痛饮菊花酒，好像一切都没有变。可是当他们像往常一样分发茱萸佩戴的时候，突然发现怎么多出来一朵，原来是您在异地他乡，无法跟他们一起过节。他们的心里还惦记着您，还以为您和他们在一起呢，这种落差强化了对离愁别绪的渲染。您看似在想象他们想念您的场景，实际上表达的是对他们的想念。这样一来，前面直抒胸臆，后面曲笔虚写，情感由直接转为婉转含蓄，这一招"抒情大挪移"，实在是高明。

精彩，你们的解读实在是精彩！这样用心去感受诗句，愚兄感激不尽，后生可畏呀！

"抒情大挪移"是一种空间技能，可以不拘泥于眼前的时空，创造出一个虚构的场景，让别人替我们表达情感，这样就更含蓄、深刻了。

这么说好像很抽象。我来打个比方，这样更好理解。当你和妈妈出去购物，看到了橱窗里摆着特别酷的赛车模型时，你是那么喜欢它。可是你不必直接说我好喜欢这个模型，你可以说："当我看到它的第一眼时，就幻想着妈妈站在橱窗边盯着它很久，思考着我是否喜欢它，如果把它买下来作为我的生日礼物，我一定会特别开心的。"妈妈或许并没有盯着它，也没有思考是否要买，也许她都没有看到这个模型，但是你借幻想表达的是你的喜爱之情。这样表达就更婉转，更含蓄，也更有趣。情感是我们人类最宝贵的财富，而思念意味着人和人之间客观上的远离和内心的牵挂，是纯洁、美好、值得被歌颂的情感之一。

你理解得很对，希望我的诗能帮更多的人学会表达情感。这枝茱萸给你们，龙鳞就在其中。

谢谢您，您真是个温柔的人。

未来的世界一定很美好吧？可惜我不能跟着你们时空穿梭，就让这龙鳞代替我，去看看未来的世界吧，再见了。

龙鳞回收成功！

王维先生真是个温柔的人，他肯定很爱这个世界。

我们回报他的方式就是把他的绝招传承下去。

解除封印，试炼场开启！

使用情境1 直接抒情

　　观察生活不仅仅意味着观察眼前的事物，更意味着观察自己，每个人每一天都在不停地经历各种各样的事件，产生各种各样的情绪，王维在《九月九日忆山东兄弟》中所记录的就是重阳节时他独自旅居他乡产生的思乡之情。你用心体会过自己的情绪、情感吗？你知道如何把它们直截了当而又准确地表达出来吗？

明天就是期末考试了，你会有什么样的心情？是摩拳擦掌、跃跃欲试，还是惴惴不安？是为考完试后就会迎来假期而开心，还是为考完试不能跟同学们相聚而失落呢？还是既有兴奋，又有担心呢？

　　当你的好朋友邀请你周末去露营，你会有什么样的心情？是为即将到来的尽情游玩而激动，还是会担心明天突然下雨不能出行呢？是为妈妈建议你拒绝邀请并且要带你去外婆家而失落，还是为没有露营的装备而局促呢？抑或有其他原因导致你产生了别的情绪。

　　你会发现，面对同一件事你会产生什么样的情绪、情感，取决于你如何看待这件事，而给读者意料之外的情感是一个很好的悬念，会让读者产生强烈的好奇心，想要赶紧读下去一探究竟。如果你学会了这个方法，试着写一写吧。

　　王维的抒情方式非常巧妙，把自己的情感借想象中的情境来表达。想象是写作中非常好用的工具，你会合理想象吗？你能通过想象来完成抒情吗？

　　假如电影已经开场，而你还在半路，你想表达焦急的情绪，可以怎样利用想象呢？你可以想象电影院放映厅已经关了灯，所有观众聚精会神地观影，只有你的座位是空着的，你旁边的人为你没有看到电影精彩的开头而感到惋惜；你可以想象跟你约好一起看电影的朋友，站在检票口着急地跺脚……一方是迟到的你，另一方除了电影院里的观众、检票口等你的朋友，还可能有谁呢？你还会有什么与众不同的想象呢？

　　假如你和最好的朋友吵架了，气得哭起来，可以怎样合理想象呢？比如那个和你吵架的朋友，他会有什么情绪？校园里从你身边经过的陌生人，他会看到一个怎样的你？或者他会以为你发生了什么事？父母会如何开导你？

发现了吗？想要表达气愤并不一定要描写自己，还可以通过想象，用别人的眼睛和情绪来表达你的感受。

好一个"抒情大挪移"，原来我可以从这么多角度展开想象呢。

思路再打开些，"抒情大挪移"挪给"人"或"物"都可以。

依我看，还是要根据情感表达的需要，人或物哪个能帮我把情感表达得更清楚，我就选哪个。

你说得有道理，真是太棒啦，就这么办！

你会运用"抒情大挪移"来表达情感吗？试着观察自己的情绪和情感，并写出来吧。

快看，卡牌出现了！说明我们掌握得还不错吧。

装备升级成功！

王维

▶▷ 人物介绍

　　王维（约 701—761），唐代诗人，字摩诘，又称王右丞，与孟浩然齐名，世称"王孟"。作品以山水诗为主，通过描绘山水田园宣扬隐士生活和佛教禅理，诗风清新淡雅，自然脱俗。王维还兼通音乐，擅长书画。

▶▷ 绝招描述

直吐胸怀

　　直截了当地表达心中真挚的情感，极富感染力。

抒情大挪移

　　通过想象中的场景来表达情感。

▶▷ 诗歌大意

我独自一人在他乡漂泊做客，
每遇到佳节良辰时总会更加思念家乡。
想到今天是重阳佳节，故乡的兄弟们要登高望远，
他们在佩戴茱萸时，会发现少了我一人。

43

是啊，一边体验着飞行的快乐，一边环顾四周，欣赏美景，真是神奇。但是看了半天，没找到什么标志性的景物，天空、太阳、江水、亭台楼阁，这些都是诗歌里常见的事物，完全没有头绪嘛。

枣儿，别急，我们一起一点儿一点儿梳理，一定能找到答案。

小丸子，你有没有感觉天色好像变暗了，太阳的位置是不是变化了？我怎么感觉这里的时间过得快呢？

有可能是我们正在飞行，这样，我们观察一会儿太阳就知道了。

不，你仔细看，我们与其说是在飞行，不如说是悬浮在空中。刚进入新时空的时候的确是飞行了一段，但是到了这个位置，我们就没有再移动过。你快看！太阳的位置移动啦！就在我刚刚说这一句话的工夫！

这是什么情况？我们第一次遇到时间流速加快，让我想想，是不是因为诗歌里展现了一个过程？是什么过程呢？除了太阳，还有其他的事物在动吗？

黄河水一直在流淌，可是流速并不快啊。只有太阳不寻常，移动的速度也太快了吧？

好，我们想想，最吸引我们注意的就是太阳，它移动的速度太快了。这是客观发生的还是心理感受呢？别的事物运动的速度都没有变化，说明这是诗歌里展现的心理感受。太阳西沉，慢慢躲进山里，表示一天很快要过去了。

对呀，除了太阳，最显眼的就要算奔腾的黄河了，河水一刻不停地奔流着，一直流到海里，看不到尽头。景色非常辽阔，天高水长，可是总觉得有点儿苍凉。嗯……太阳东升西落，一天又一天，时光飞逝，就像黄河奔腾不息地流向大海再不回头，人们在永恒的时间面前总是很渺小的。

哈哈，我跟你的想法不同，你看，太阳每天都会升起，河水每天都会奔涌，我们人也一样啊，睡一夜，第二天早晨起来，又是新的自己。这样想，是不是积极多了？再说了，你看看眼前的景色如此壮阔，怎么会苍凉呢？感叹大自然的神奇还来不及呢！反正我感觉到的是心情舒畅，在这么开阔的景致里，什么烦恼都消失了。

你说得有道理！看来同一幅美景，不同的人看会有不同的感受呢。

刚才突然颠簸，吓了我一跳，没想到我们闪现到这座楼里来了。看，那有个人。

那应该就是诗人了，但是我们还没猜出诗歌，所以现在看不清他。我们抓紧时间继续找线索吧。

你们快来，从楼里看出去，景色稍微有些不同了，刚才我们看到很长的河道，现在已经水天相接了。

啊！我知道了！景色突然变化，不是想告诉我们视角转换了，而是告诉我们变化的是位置！在低处我们的视野范围小，站在高处我们的视野就更开阔。枣儿，没错了，就是那首诗，我很确定！

原来如此！

答案就是王之涣的《登鹳雀楼》！

登鹳雀楼

[唐] 王之涣

白日依山尽，
黄河入海流。
欲穷千里目，
更上一层楼。

欢迎来到鹳雀楼，良辰美景来之不易，你们要不要先参观参观？

谢谢您，刚刚我们已经很认真地欣赏过啦。

哦？看来你们很懂得欣赏呢！说吧，到这里找我是为了什么？

我们是来回收龙鳞的，还想向您学习写作绝招。

哈哈哈，没想到我辞官回乡这么多年了，居然还有人知道我。如果能帮助你们，我当然愿意啦。

您为什么要辞官呢？

小妹妹，以你这个年纪来理解我的经历，有点儿太早了。

不会呀，了解诗人的生平经历会帮助我们理解诗人的作品呀，而且每一位诗人的经历造就了他独一无二的诗歌风格，也构成了诗人的人格魅力，所以我非常想要了解。

你很棒，小妹妹，那我就把我的经历说给你们听吧……说起来还有点儿害羞呢。我小的时候学习很好，年纪轻轻就被授予官职。我以为，这一生可以顺风顺水，过得很快乐。所以我带着初生牛犊不怕虎的天真，和报效祖国、大展拳脚的决心努力工作。可是有人诬陷我，我才意识到官场不是我的追求，我就愤而辞官了。其中的细节，我已经记不清了，也不想回忆了。现在我没有了官职，终于有时间可以广泛地钻研诗文学问。我虽然放弃了功名，但是没有放弃成长和学习，所以我感觉自由、充实。当你非常坚定地知道自己的兴趣和使命是什么，并且挣脱了现实的束缚时，你会变得更加勇敢，你会发现天地有多广阔。

果然不太容易理解呢……不过您的故事我记住了，以后等我长大了，可能就懂得了。我知道，您是一位浪漫主义诗人，擅长描写边塞风光，与岑参、高适、王昌龄一同被世人称为唐代"四大边塞诗人"。您的诗歌风格激越昂扬，用词虽然十分朴实，但是境界极为深远，令人回味无穷。您的边塞诗大气磅礴，意境开阔，韵调优美，朗朗上口，被人们广为传诵。

谢谢你们这么夸我。

我们才非常感谢您的真诚分享，谢谢您。

好有礼貌的孩子，不客气！你们来收回龙鳞，说明我们有缘分。

你们能拆解我的招数，我就可以把龙鳞还给你们了。

我先来！欣赏了鹳雀楼的美景，又了解了您的经历，我真的很激动，因为我今天体会到了读懂一首诗的内涵是多么畅快的一件事。此时此刻，我们在大名鼎鼎的鹳雀楼中，凭栏远眺，夕阳一点儿一点儿地落下，"依偎"在山头，像是恋恋不舍的样子，但是最后它还是消失在了高耸入云的山峰后面。再往下望，气势汹汹的河水像是拼命赶路的旅人，匆匆忙忙又声势浩大地向东流去，直到消失在广袤无垠的海洋中。这两句诗先是抬头看天，再低头看水。从空间上来说呢，从西方的尽头到东方的尽头，可以说把眼前的整个世界从上到下、从西到东都写出来了。当我闭上眼睛想象诗歌描绘的画面时，我真的很想感叹一句，好广阔的天地啊，那种天地之间的辽阔直冲面门，让我的内心一下子就开阔了，我觉得好舒服、好自由啊！这不仅仅是您观察到的天地，也是您心中的天地。我想，这就是传说中的"气壮山河"吧。

妙，实在是妙，这话出自十岁孩童之口，真让我刮目相看。我的第一招"气壮山河"摆出的是太阳、山、河、海四种都非常宏大的景物，其目的就是创造一种气氛，把读者包围起来。景由心生，你看到怎样的景物，意味着你心里认为景物是什么样的。当你想表达一种广阔的境界的时候，就得写广阔的景物。比如你想写一望无际的草原，就可以写天空、白云、草地、河流，它们组合在一起，即使不用任何词语来描绘，你好像也能感觉到草原的辽阔，对吧？

　　真是这样呢……我发现那些打动我们的厉害技能，被诗人们一解释，感觉好像都很简单，我们一下子就能理解了。

　　小姑娘，你的观察力很敏锐！

我想解读的是您的第二个招数。您用"气壮山河"先创造了那么开阔的境界，让所有人都仿佛置身其中，之后您的第二个招数才是真正的绝招。您从美景之中看到了人生哲理，想要看得更远，就要站得更高。我从中读出了两种意味，第一种是指眼前的境界，之所以能够看到这么美的景色，是因为站在了高耸的鹳雀楼中，契合了诗歌题目。第二种意味，让我联想到了人生，人应该努力追求更高的境界，才能够看到更广阔的世界。仔细想想，这两种意味好像也没有什么区别，我们看到眼前的风景想到的是站得更高些，看得更广些，当我们想到这样的哲理，自然会提醒我们，应该努力成长，增长知识，积累见识。这样的哲理本来就是从眼前的风景想到的，正因如此，哲理和美景才能浑然一体，不显得突兀。这是很了不起的招数，我想应该是"极景之理"吧。

嗯，你们真的是十来岁的孩子吗？竟然可以解读到这个程度。太优秀了！第二招是"极景之理"，我们就是天地中的一分子，无论我们掌握了多少知识，在天地面前我们依然是学生，可以从天地中学习的东西太多了，永远都学不完。天地间的规律也无时无刻不在提示着我们应该如何生活。可是很多人并不敬畏天地，以为凭借人类的力量可以为所欲为，这种想法是非常危险的，会付出沉重的代价。所以"极景之理"并不是什么新鲜发明，不过是还原人类在天地面前的位置，敬畏天地，感受天地，学习天地间的规律。你们能理解吗？

明白了，我们在观察大自然景色的时候，应该用心感受，还可以结合生活向大自然学习。平时我们应该爱护环境，保护大自然，不让自然环境受到破坏。比如我们走进大自然中时，不应该留下垃圾，看到别人乱扔的垃圾也应该捡起来带走。

是这样的。很开心能把这种观念传递给你们，龙鳞在这里，道别以后，我要继续云游四海了。山高水长，我们有缘再见。

我们可能很难再见了……

我的诗作会代替我陪着大家的。再见了……

龙鳞回收成功……

王之涣先生很洒脱，又很博爱，我很敬佩他。

虽然我不知道他们在现实生活中是什么样的，但是我很开心能够通过诗歌结识性格各异、魅力非凡的诗人们。

我会好好试炼技能，把他们的绝招都传承下去，我觉得这是我们表达敬佩最好的方式。

好，那我们就开启试炼吧。

59

　　王之涣在《登鹳雀楼》中描绘了太阳、高山、黄河、大海等景物，营造了广阔的情境、开阔的氛围。你见过最广阔的景色在哪里？是一望无际的海边，是碧绿的田野，是漫天风沙的沙漠，还是高耸的山巅？

　　在你见过的广阔之景中，有哪些景物呢？哪些景物给了你开阔的感觉？这些景物有什么特点？景物之间有什么样的空间关系？比如太阳是刚刚从海平面上升起，还是即将依山落下，是烈日当空，还是隐入乌云？

　　你是从哪里看到的这些景物呢？是站在巍峨的高山山顶，是站在海边的沙滩上，是乘车经过田野的边缘，还是飞机即将降落时观察到的呢？

　　你在文章中想用哪些词语或者句子来展现景物的广阔？你知道哪些表示广阔的词语？你可以用哪些修辞手法来形容景物的广阔？

　　广阔的环境能让你产生什么样的感觉？是让你心旷神怡还是让你恢复活力？是让你感叹大自然的神奇还是让你产生敬畏之心？

原来写开阔之景有这么多的窍门，我想，回答完这些问题我就基本掌握了，你学会了吗？把你心中的美景写出来吧，也可以先把记忆中的美景画下来，再对照着画描绘美景。

　　王之涣在《登鹳雀楼》中，通过登楼赏景，感悟到了人生哲理。我们也可以做生活中的有心人，从看似平常的生活现象中收获启示。

　　当你需要帮助的时候，有人为你提供了帮助，你有没有观察过他脸上的表情？帮助你的人是开心还是不耐烦？通常情况下，乐于助人的人在帮助别人的时候会感觉到快乐，因此提供帮助的人表情会比较柔和，情绪会比较积极。如果没有观察过，你可以在下次得到帮助的时候仔细观察一下是不是这样。观察之后可以想一想，这样的现象给了你什么样的启示。

　　乌云密布、电闪雷鸣的下雨天会让你产生什么样的感觉？你会害怕还是会期待？会厌恶还是会欣喜？如果你心情很不好，遇到这样的天气时你会产生什么感受？如果正好这天你的心情非常好，发生了特别开心的事情，遇到这样的天气时你又会产生什么感受？两种感受是一样的吗？从这样的现象中你会得到什么启示？

　　观察一粒种子发芽时，你会发现它在黑暗的土壤里沉睡，慢慢长出稚嫩的新芽，钻出土壤，向上伸展，以极快的速度长大，这样的现象会给你什么样的启发呢？

自然界物种多样，有的植物四季常青，生命力顽强；有的花晚上开白天就谢了；有的草春天钻出土地，秋天就发黄干枯，成了肥料……大自然有这么多神奇的现象，你观察过什么样的自然现象或者美景，它让你产生了什么样的感悟呢？

　　哇，这么一说，我想起了好多往事呀，我曾经观察过那么多的自然现象，有时候心里也会产生一些说不出来的滋味和感想，但是我竟然从来没想过要把它们记录下来，更没想过那种滋味是什么，现在想想，可能是大自然给我的震撼吧。今天经过试炼，我知道下次再观察大自然时，可以好好想想，从这些现象中我可以得到什么启示，说不定我会懂得很了不起的道理呢。

　　如果你能回忆起观察自然美景时得到的启示，不妨写一写。

准备装备升级……

装备升级↑

王之涣

▶▷ 人物介绍

　　王之涣（688—742），是盛唐时期的著名诗人。善于描写边塞风光，与岑参、高适、王昌龄一同被称为唐代"四大边塞诗人"。他写西北风光的诗篇颇具特色，大气磅礴，意境开阔，韵调优美，朗朗上口，被广为传诵。他也是浪漫主义诗人，为人豪放不羁，其诗具有激越昂扬的个性风格，用词虽十分朴实，然而意境极为深远，令人置身诗中，回味无穷。

▶▷ 绝招描述

气壮山河

　　抓住画面中宏大的事物进行描绘，写出画面的广阔。

极景之理

　　描绘的美景让人产生对生活的启示，或者对人生的感悟。

▶▷ 诗歌大意

　　夕阳依傍着西山慢慢地沉没，
　　滔滔黄河朝着东海汹涌奔流。
　　若想把千里的风光景物看够，
　　那就要登上更高的一层城楼。

别紧张，枣儿，冷静，我们已经时空登陆了，应该是在一个黑暗的环境中。

福龙、小丸子、璐璐，你们在哪里？这是哪里？为什么漆黑一片，什么也看不见？

我也有点儿害怕，但是听到枣儿的声音，就安心了。

有光照进来了，有人在动，这是……这是在船舱里？

他出去了，我们也跟上吧。

太阳已经下山了，但是天还没有全黑，小船就停在薄雾笼罩的岸边，这是我第一次离诗人这么近地观察，可还不知道他是谁。

好想赶快猜出来，告诉他我一直在他身后，不知道他会露出什么样的表情。

那我们就仔细观察，迅速猜出来吧。

他的表情好严肃，明明感觉年龄不是很大，为什么却觉得很苍老呢？他好像心情很沉重的样子，但是我们只能看到他的表情，却不了解他的内心，这样怎么去理解他呢……

没关系，你有没有发现，我们站在他身后，相当于我们和他有同样的视野。我们认真观察周围的环境，通过环境来理解他的内心吧，一定可以猜出来的。你看，浓厚的暮色笼罩着大地，夜幕低垂像是压着大地上的一切。眼前的树林也被夜幕压得抬不起头，让我感觉很压抑。

小丸子你看，虽然旷野上烟雾弥漫，江面却非常平静，江水清澈，在月光的照射下江水都变得晶莹温柔起来了。月影倒映在江水里，好像伸手就可以够得到一样。江面的涟漪让月影轻柔地摇动，似乎在絮絮低语，陪我一起度过这寂静清冷的夜晚……怎么说呢，景致整体给人的感觉是孤寂的、低落的，可是有了月影的亲近和陪伴，让我的心情得到了一些安慰呢。小丸子，我现在好像有一点点理解了诗人的心情，就算我本来很开心很兴奋，看到这样的景色，也会沉静下来，从心底里泛起丝丝愁闷。

枣儿，你的感知能力向来很强，你产生的这些想法和感受，肯定和诗人有着很大的共鸣。

我想我可能猜出来诗歌和诗人了，你觉得呢？

我想我们又产生了默契，这首诗应该是孟浩然的《宿建德江》。

神力测评　技能储备
技能升级　技能试练

宿建德江

[唐]孟浩然

移舟泊烟渚，
日暮客愁新。
野旷天低树，
江清月近人。

你们来了？

嗯，来了。

摩诘兄说得没错，果然是两个年轻人，带着龙和熊猫。刚刚船家说要停靠的时候，我就感觉到船在晃动，暗暗期待你们的到来。

敢问先生，您说的"摩诘兄"是王维吗？

正是在下的忘年好友，王维。

孟先生，您的感知能力了得，很少有人能够注意到我们的存在。恕晚辈冒昧，我们一直贴近您所在的位置，想通过观察周围的景色来了解您为什么看起来很低落。

是的，我是有些低落的，如果你们也曾积极奔走寻求一官半职来建功立业，出走半生却发现一事无成；如果你们也曾在圣上面前吟诗却因为一句不得体的话而被圣上斥责赶出门去；如果你们也曾因为圣上的一句话再无人仕的可能，只能寄情于山水，你们就能理解我的低落。唉，人生如此曲折，不说也罢。

真的很抱歉，我们不太知道应该怎么安慰您，但是在我们眼里，您是仕途困顿、痛苦失意后，隐居也能够保持高洁品格和炽热追求，写出传世佳作的伟大诗人。您是山水田园诗派非常重要的诗人之一，擅长写山水田园之美、隐逸之乐和羁旅之苦。您写的诗能够挖掘生活和自然之美，风格清新自然，浑然天成，意境雅致。

哈哈，我想，应该没有几个人有机会能听到后世对自己的评价吧。谢谢你们给我的评价，这样想来，我经历的那些挫折和困难又算得了什么呢？文学是从苦难里开出的花朵，经历这些挫折也好，我的思想会变得更加深刻，我也会更加谨慎地对待自己的诗作，说不定这对我来说反而是好事。今天被你们所宽慰，还是非常感谢你们的，果然是后生可畏。

来吧，拆招之后，把龙鳞拿回去吧。感谢神力选择了我，这对我也是很大的鼓励。

　　我们时空登陆以后，掉落到了您的船舱中，什么也看不见，那时我还在疑惑，为什么会首先感受到黑暗。因为在黑暗中，什么也没有，哪有诗人会从伸手不见五指的黑暗开始写起呢？现在我明白了，您的第一个招数是"一句封喉"。这个招数的特点就是为读者交代您的行踪。您告诉我们，天色已晚，要把船停靠在水中的小洲旁了，今天的行程结束了，一天又要过去了，在这朦朦胧胧的小洲旁，暂且住一晚吧。紧接着您用一句话就把新愁带到了我们的心头，您说水汽蒙蒙处，日落黄昏时，您又产生了新的愁苦。一个"新"字，就意味着您一路以来，都笼罩在浓浓的愁闷之中，现在新的愁闷因为您的船在日暮里停泊而产生。究竟是什么样的环境勾起了您的愁肠呢？往昔的愁闷伴随着您一路的旅程，又会是怎样的愁闷呢？这一切，都要从您日暮停泊说起。这就意味着接下来，您要描绘的就是停船后您所看到的景象。刚才我们也这样站在您的位置，看您看的风景，去体会您的心情而猜出来您的诗歌的。

是"一句封喉"没错，它从我所练习的剑招里来。剑招讲一剑封喉，意思是一招制敌，达到最要害处。而"一句封喉"指的是用一句话交代我的行程、心情和地点。这句话一出，就告诉读者，我行船至此，看到眼前的风景，产生了新的苦闷。你们能注意到这个"新"字，说明你们是有心之人。一路羁旅所产生的苦闷是旧的苦闷，我积极求索，却一事无成，我空有满腹才华，却壮志难酬，满载希望出发，却漫无目的地漂泊于世，这愁是贯穿一生的。人生中的一天很快又结束了，天光的落幕让我想到了人生的迟暮也许都是这般惨淡。"一句封喉"的作用就是使读者迅速跟我产生共鸣。

先生说得太对了。

我来分析您的第二个招数"幻视空间"吧，它太神奇了。我们一说到天空，就会觉得高远、开阔。可是您的"幻视空间"能把那么高远广阔的天空都拉下来，拉到比树还低的地方，好像有无形的巨大力量压得人透不过气来。现在我理解了，这种无形的力量就是您的愁闷。天空为什么会给人这种感觉呢？因为四野太空旷了，夜幕和大地都灰蒙蒙、阴沉沉的，甚至连成了一片，浓重的夜色就像您的愁闷，充斥着眼前的一切，给人压迫感。

　　可是您并没有沉湎于愁苦。江水清冷，宛如一面镜子，天空中高悬的月亮倒映在江水中，就好像理解您的愁闷，来亲近您，陪您度过这愁闷的夜晚一样。这两句由远及近，看似写景，意味却正好相反，让人感到愁闷的夜色里，同样孤单的月亮却那么善解人意，温暖亲切。羁旅之苦和思乡之愁，被月色化解了很多。这样，您诗歌里的消极情绪被消解，让整首诗歌流动着丝丝积极的力量。我觉得这就是您的人格魅力，面对逆境时，您依然保存着内心的火种。

　　您这两句诗看起来是在写景，其实每一句都在抒情。因为您的情感太真挚充沛了，才会融入您所见的每一处景物之中，让读者的心也跟着融化。

谢谢你把这两句诗解释得如此美好，我这个不爱哭的人都想流泪了。没想到你们这么年轻，感受力却这么强！美景和情感的关系是每个诗人都会面对的问题，每个诗人都会有自己的绝招来描绘景色，表达情感。"幻视空间"是我创造的招数，把我的感受融入景物的描绘中，我笔下的景物也许和现实中的不一样，但它们能带给读者直观又强烈的感觉。这个独特的空间是我幻想出来的，每个走进去的读者都会感受到我内心的复杂情感。

现在我可以感受到您的愁苦了。

你们不必替我感到悲伤，我所感受到的苦闷可以说几乎是每一个诗人都会感受到的。没有任何人生追求、沉湎于简单的快乐是很容易的，正是因为我们的内心有追求，有对家乡亲人的思念，有无法实现人生理想、发挥个人价值的失落，才会感觉到痛苦。也许你们还太小，不能感同身受，但是请记住，即使苦闷也没有关系，你们还有诗歌，还有月亮，还有很多的方法可以排遣苦闷，也许还有很多跟你们一样的人可以理解你们的苦闷。不要被痛苦抓住，就让它从你的身体穿过去，你就带着这份痛苦好好生活，你会发现痛苦也就那么回事。

对不起，我不太懂您说的话，但是我会记住的，也许等我长大了我就明白了。

是的，是的，哈哈，我相信你们长大以后会比我更有智慧。这是龙鳞，你们拿去，我也要继续自己的旅程了。一时的旅行可以迷茫，人生的旅程可不要迷失方向哦。再见了，孩子们。

谢谢您，孟先生，我们会好好长大。

龙鳞回收成功……

福龙，开启试炼场。

试炼场开启！

使用情境 1　定点观察

　　孟浩然在《宿建德江》中用简练的语言交代了观察景物的时间和地点，定点观察有助于读者对所描绘的景物产生更清晰的空间画面感。你知道如何从定点观察开启写景吗？

　　同一处景物，在不同的季节可能会呈现出不同的特点，你是在什么季节观察的？

如果是在春天观察，是乍暖还寒的初春，是万物复苏的仲春，还是百花争艳的暮春？如果是在秋天观察，是热情似火的初秋，是硕果丰收的金秋，还是寒风凛冽、萧瑟凄清的深秋？不同的时节，景色不一样。

　　你是在什么时间段观察的？是清晨，是正午，还是黄昏？

　　你是和谁一起观察的？你们是乘坐什么交通工具观察的？你可以步行前往家附近的公园，可以乘坐公交车到市郊的森林公园，还可以乘坐火车到另外一座城市去感受著名景点的魅力……

　　你们找到了什么样的观察点来欣赏周围的风景？是站在公园的门口窥探植物的世界，是站在山顶"一览众山小"，是站在小桥上看流水叮咚，还是坐在小船上泛舟湖上，领略四周的自然风光？

　　从不同的观察点看到的景色及其特点可能完全不同，如果在开头能写清楚游览的时间、观察的地点，后面的景物描写肯定会更加有条理。你还记得上一次游览的情况吗？在哪里观察到风景的？把它写出来吧。

　　孟浩然在《宿建德江》中借助描绘眼中的景色，表达出自己内心幽微的情感，让整首诗自然含蓄、巧妙真挚。如果你用写景的方式来表达情感，你会怎么写呢？

　　比如你和全班同学在公园里春游，阳光明媚、绿树成荫、鸟语花香，但是你正经历腹泻的折磨，肚子隐隐作痛，你很担心要在众目睽睽之下跑去洗手间。其实此刻，你又窘迫又担心，在这样的情况下，你想要如何描绘眼前的景物？

　　明媚的阳光可以怎样表现你的心情？它是变得刺眼，让你不敢抬头看吗？它的温度灼热，照在身上，连皮肤都跟着痛起来了，还是它变得寒冷，让你沐浴在阳光下也流出冷汗？你还可以想象它变成什么样，来表达你的心情？

比如茂盛的树木互相掩映，交织出一片浓密的树荫，你如何通过描绘树荫来表达你很伤心？你可以痛恨树荫的专横：层层叠叠的树叶如同筑起了城墙，树荫外的世界是那么明亮、灿烂，树荫里的世界却永远是那么昏暗，蛮横的树叶才不管树荫下的小草有多渴望阳光。你还可以观察树荫下的植被非常稀少，树下的阴暗让喜欢阳光的植物都搬了家……你还可以如何描绘树荫来表达你的伤心呢？

比如公园里回荡着此起彼伏的鸟叫虫鸣，可是你满脑子都是明天即将到来的考试，正心烦意乱，你想用什么样的词句来表现出你的心情？你可以描绘蝉鸣单调、聒噪，这种小虫像是永远不知疲倦，也不关心是不是打扰了别人的清静。就连喜鹊也受不了它们，扯着嘶哑的嗓子，大声呵斥它们的粗鲁……你还可以如何描绘虫鸣鸟叫来表现出你的烦躁？

以上的例子是通过美好的环境来写负面的情绪，你也可以在心情特别好的时候把糟糕的环境写得很美。你想写什么样的风景来表现你什么样的心情呢？

福龙，你刚找回来的龙鳞开始发光了！

枣儿，别愣着啦，赶紧把卡牌收起来吧！

准备装备升级……

孟浩然

装备升级

▶▷ 人物介绍

　　孟浩然（689—740），唐代著名的山水田园派诗人，后人把孟浩然与盛唐另一山水诗人王维并称为"王孟"。孟浩然的诗歌主要表达隐居闲适和羁旅愁思，诗风清淡自然，以五言诗见长。

▶▷ 绝招描述

一句封喉

　　写景前交代游览的情况、观察景物的地点。

幻视空间

　　把情感融入景物描写中，借助景物的特点来表达情感。

▶▷ 诗歌大意

把船停靠在烟雾笼罩的小洲旁，
暮色苍茫，给离家的游子增添了新的忧愁。
原野广阔，远处的天空似乎比树木还低，
江水清澈，空中的明月好像离人更近了。

第五章

《咏柳》

拟设写景

如果一直在飞行，那我估计这次的目标人物应该也是在行进中。看，江心有一艘船，有位白发苍苍的老人站在船头呢！
哇，好酷，我喜欢这样的登陆方式！
我感受到了一股欢欣升腾的力量，这次的龙鳞回收估计要在空中进行了，大家一定要抓紧我！

可是离得太远，看不清楚。福龙，我们可以飞得再低一些吗？

不行，枣儿，如果飞得再低就会被发现，在没有破解出谜底之前，不能让其他人看到我们。而且看不清楚的事物一定不是解密的关键。

船只行进得很快，我们也在飞行，所以很难看清楚。虽然看不清老人的表情，但是能感觉到他年龄很大了，而且他好像很开心的样子，一直在船头四处张望。他在看什么呢？

在我看来江水、船只和老人都很模糊，反而是岸边的柳树我看得很清楚。可柳树是中国古代诗歌里最常用的意象之一，古往今来文人墨客都喜欢歌颂柳树，光凭这一点可太难猜了。

没错，我看得最清楚的也是柳树，咱们就从柳树身上入手。枣儿你有没有感觉到，微风拂面，送来盎然的春意，空气里充满了潮湿但是清新的味道。春回大地，万物复苏，江水波澜壮阔，两岸草木初发，这是早春二月的特点……

小丸子，你的描述让我感觉很美，就像眼前的景色一样。我感受到一种生命力的欢欣，一种生机勃勃的喜悦。我看清楚了，那柳树刚刚发芽长出嫩叶，你看那新叶，比鹅黄色再绿一些，比翠绿更浅一些，尤其是一大片柳树在一起，将那颜色揉在一起，有一种朦胧的美。这树就像是用温润的碧玉装点而成的美人，温婉婀娜。

我也有这种感觉。你看，千条万缕的柳枝细长，柳叶新绿，垂坠在树干的周围，随着早春的微风轻轻摆动，这不就像是美人的裙带吗？

枣儿，你是不是也想到了答案？

嗯！想到了，我很确定！就是贺知章的《咏柳》。

咏柳

[唐] 贺知章

碧玉妆成一树高，
万条垂下绿丝绦。
不知细叶谁裁出，
二月春风似剪刀。

是谁在那儿？

贺老先生，您能看到我们？

看不到，但是我能感觉到。你们？说明不是一个人吗？声音是从空中传来的。你们是什么人？是神仙吗？

贺老先生，您好，我们是从未来穿越来的。我们感应到您身上有龙鳞，想要帮福龙把它收回来。

你们终于来了，我等你们很久了。龙鳞已经不在我身上了，刚才行船经过柳树林时，我诗兴大发，吟咏之间，已经把龙鳞放到柳树林中了。如果你们能识破我的招数，解开柳树林的奥秘，自然就能找到龙鳞。我老了，已经奏请陛下辞官回乡，这辈子我得到了很多。我只想随着回家的旅程欣赏欣赏沿途的风景，尝尝人间的美酒，再看看这美好的世界。如果你们没有识破我的招数，拿不到龙鳞也不用来找我了。孩子们，祝你们成功。

老先生，可是我们还想向您请教写作的妙法，传给后世的孩子们呢。

都在柳树林，去吧。

好吧，我们都非常喜欢您作的诗，祝您旅途愉快。

贺知章老先生活得自由随性，但是我总觉得他好像要羽化登仙似的。

你说得没错，这首《咏柳》正是他在暮年时期所作，也许我们是最后一次见他了。

我们的时空旅行本来就只有一次，所有诗人估计也都是只见一次。不过知道他不久之后就会离开人间，还是有些难过。

贺知章老先生这一生很传奇的，他已经八十多岁了，人世间的悲欢离合他都经历过了，想来也无憾了。

璐璐快给我们讲讲，为什么说贺知章老先生一生传奇？

好嘞！贺知章是唐代著名的诗人、书法家。他年少时就已经以诗文闻名啦，还中了状元，做了礼部侍郎等大官，可以说仕途非常顺利了。他这个人旷达不羁，很喜欢喝酒，有"清谈风流"的名声。你们知道李白"谪仙人"的名号，就是从贺知章这里传出来的，他非常欣赏李白的才华，还把李白引荐给唐玄宗。到了晚年，他身体不好，请求辞官回乡做个道士，皇帝唐玄宗亲自写诗送给他，太子还携百官来相送。

真的呀，贺知章老先生真是了不起。璐璐再给我们讲讲，贺知章在诗歌史上的地位和贡献吧。他的诗歌风格如何，对后世有什么影响？

我想想。

我先说说吧，刚才路过柳树林，我们都感受到了景物的清新自然。他是"饮中八仙"之一，而且他还有"清谈风流"的美名，这些特点都让我想到了魏晋风骨。魏晋时期的文人墨客不就是喜欢清谈，喜欢饮酒吗？

对啦！贺知章作为唐朝前期的一位重要的诗人，他继承和发扬了初唐的诗风，对后来盛唐时期的诗风也产生了重要的影响。可能是因为他的人生轨迹比较顺利，本身又颇有诗才，他的诗歌比较自然、潇洒，诗歌的语言也朴实无华，但是表达的情感是非常真挚的。他擅长创作七言绝句，写景的作品都清新隽永，让人回味无穷。

这还是我们第一次在诗人不参与的情况下回收龙鳞呢。我们要解读招数，说给柳树听吗？

你们看，江边有绿色的微光，我感受到了，龙鳞就在那里。

好吧，那我现在拆招。我最先想到的就是"总分神剑"，第一句"碧玉妆成一树高"，先总写柳树的情态像用碧玉精心梳妆打扮的美人。碧玉色泽温润，但是触之生凉，正像是早春二月给人的感受——虽然有春意，但是微风过处还是会激起阵阵凉意。后面"万条垂下绿丝绦"写的是柳条像这位美人婀娜的裙摆，让我联想到了美人袅袅婷婷的风姿，这是分写。末尾两句也是分写，写的是柳叶。诗人通过"总分"结构先把柳树总体的情态写出来，再分别描绘柳枝和柳叶的样子，给人的感觉条理清晰，思路流畅，结构完整，非常值得我们借鉴。

我的感受和小丸子的有些差别，我想说的是贺知章老先生描绘景物的手法真的是变化莫测，又匠心独运，他是个运用比喻的高手。你们看第二句"万条垂下绿丝绦"是把微风吹拂的柳条比作美人裙子上随风摆动的丝织裙带。这已经很美了吧，他要怎么让美"更上一层楼"呢？他没有再用陈述句，而是用了一个设问句来发表自己的看法。他问读者也问自己，这么美的细叶是谁裁剪出来的呢？原来二月的春风就像一把剪刀一样，把大自然雕琢得这么美。这两句就让我感觉到春天的美好，大自然的神奇伟大。他的诗句还引发了我的联想和思考，春风这只有魔力的手不仅仅裁剪了柔嫩的柳叶，还敲开了小河上的冰层，叫醒了土地里的小草，呼唤来了叽叽喳喳的小鸟，最重要的是，播撒了温暖明亮的阳光。通过贺知章老先生的诗，让人感受到春天多美好啊，大自然多奇妙啊。我和作者一样，都感受到了生命力的旺盛。

　　咱们今天遇到的是什么流派，要学什么武功呢？我能说出比喻的好处，却不知道怎么运用。

　　"比喻派"是个非常大的门派，门派中高手众多，每个人的武功绝学也不一样。比喻可以说是博大精深，不是一朝一夕就可以练好的。今后我们可能还会经常跟比喻派的人打交道，每次我们都学一点儿，不愁学不会。

今天我们遇到了"比喻设问"，是一种高级武功，贺知章老先生果然是写作大家。"比喻设问"巧妙的地方在于形式上，它是一个设问句，内容上它又把春风比作剪刀。贺知章为春风赋予了剪刀的能力，裁剪出了春天和柳叶。依我看，同时掌握设问和比喻两种心法真是太难了，我们能学会比喻，就已经很了不起了。等以后我们熟练掌握了比喻，再把比喻、设问结合起来运用也不迟。

璐璐说得有道理，欲速则不达，我们脚踏实地，先把老先生的精髓心法学到手。至于武功，我们可以慢慢练习。

我们这样分析一通，也不知道分析得对不对，能不能成功回收龙鳞。

你们快看，那团绿光动了，我感觉到龙鳞正在向我们飞过来，你们肯定答对了！

哇，真的，龙鳞回到福龙身上了！我们答对了！

龙鳞回收成功……

太感谢你们了，我感受到了龙鳞的力量……啊，这是贺知章老先生的神力，他好像有话要对你们说。

孩子们，你们真的很棒，我很欣慰，真想和你们畅快地游览一回。可是我已经垂垂老矣，心有余而力不足了。你们还年轻，听老夫一句劝告，珍惜时间，无论做什么事都要全力以赴，这样你们才能无怨无悔，度过快意的一生。嘱咐完，我就可以了无牵挂地回家了，这种感觉真好……孩子们，我为你们准备了试炼场，去接受试炼吧，通过以后，你们将真正掌握我的招数。把招数传承下去吧，让更多的人可以写尽目之所及，表达心中所想……再见了，孩子们……

我们准备好了……

　　《咏柳》中用总分结构把早春柳树的情态描绘得惟妙惟肖，你会用总分结构来状物吗？回答以下问题，学习使用总分结构。

　　你经常去哪一个公园？公园里最让你印象深刻的植物是什么？它主要的特点是什么？它的特点在哪个季节最明显？是枝繁叶茂、生命力旺盛，还是枯瘦萎靡？是灿烂金黄，还是绿意盎然？是盘根错节，还是挺拔坚毅？

　　植物的特点是从哪些部位体现出来的？树木的树干是如何体现其特点的？枝条是如何体现其特点的？树叶是如何体现其特点的？

　　花草的根系是什么样的？叶片是什么样的？花朵又是什么样的？

　　植物在不同的季节会呈现出哪些不同的样貌？

我懂了！在观察植物的时候可以先总体去感受它的特点，留下整体印象。接下来就可以细细观察啦，看看植物的每个部位都是怎么体现其特点的。你明白了吗？写一写你观察到的植物及其特点吧。

比喻是语言的魔法，好的比喻能让人轻松读懂深奥的道理，让人瞬间直观感受抽象的概念，让人马上看到生动的形象，精准把握事物的特点……贺知章的诗句中先是自然而然地让具体可感的碧玉代替早春的新绿来描绘柳树，再把柳条比作丝绦，把春风比作剪刀，一连串的比喻之间息息相关，这是非常高级的比喻手法。我们观察事物时，抓住特点，打开思路，就能够恰当地运用比喻。

以秋天的银杏树为例，银杏叶片的形状非常有特点，你能想到它像什么吗？人们常说它像半开的小扇，像舞动的裙摆。你还能联想到什么呢？

秋风一起，银杏叶就迅速变色，有的还保持着苍翠，有的已经完全变色，呈现出均匀的正黄色，有的已经浸染了枯黄……这些颜色能让你想到什么呢？你想用什么来比喻银杏叶的色彩呢？

翠绿的颜色能让你联想到什么事物？除了碧玉，还有什么是绿色的？

绿中带黄能让你联想到哪些事物？除了诗中的玉石，还有哪些？

正黄的色彩又能勾起你什么样的想象呢？大多数人能够想到的都是金子，你还能想到什么与众不同的东西呢？

一片叶子我们可以运用比喻去渲染它的剪裁，那枝条上团簇的叶子，整棵树的叶子，散落满地的叶子，被风吹落的叶子，都可以运用比喻来描绘。不同形态的叶子能勾起你怎样的联想呢？

除了叶子，我们还可以写一棵银杏树，写一片银杏树林，写一条长满银杏树的路……你能想到哪些比喻来描述这些事物的特点？

贺知章把柳树比作温柔的美人，那么银杏树呢？在你眼里，它像一位充满智慧的老人，还是像多愁善感的姑娘？为什么？

你甚至还可以用比喻来形容你观察银杏树之后的心情和感受。你想如何来写这个比喻句呢？

比喻就像食盐，烹饪的时候加一点点就能有咸味，如果诗文中用了太多的比喻句，就像在菜肴里加太多的食盐，让人齁到不敢下嘴。比喻虽好，可不要贪多哦！

小丸子，你有没有发现，刚刚你就运用了一次比喻？

这么看，比喻也没有那么难嘛！我想要讲清楚不能太密集、太频繁地使用比喻，这让我联想到了妈妈每次炒菜的时候只需要加一点点盐，菜肴的味道就非常鲜美。如果菜里放过量的食盐，那味道肯定非常可怕。我又联想到如果肆无忌惮地用比喻，肯定会让我感觉到腻，再也不想读文章了。

我也学会啦！比喻句就是纸老虎嘛，看起来很难，多试试肯定能写好！呀！我也不知不觉用了一个比喻句。你看，其实我们日常生活中就常常运用比喻修辞，勤加练习肯定没有问题的！

把你想到的精彩的比喻句写出来吧。

福龙，你刚找回来的龙鳞开始发光了！

枣儿，别愣着啦，赶紧把卡牌收起来吧！

贺知章

装备升级

▶▷ 人物介绍

贺知章（659—约744），唐朝诗人、书法家，自号四明狂客，曾中状元，担任礼部侍郎等官职。他和张若虚、张旭、包融并称"吴中四士"，还跟李白、李适之等人合称"饮中八仙"。他的诗歌以七言绝句见长，风格清新自然，潇洒隽永。

▶▷ 绝招描述

总分神剑

先描述整体，再对各部分的特点进行表述。

比喻设问

先提出问题，后用恰当的比喻回答问题。

▶▷ 诗歌大意

像碧玉一样梳妆打扮的高高柳树，
千条万缕的柳枝如同绿色的丝带般垂下。
不知道这细细的柳叶都是谁裁剪出来的，
原来二月的春风就是那把神奇的剪刀。

第六章

《别董大》

远近之景

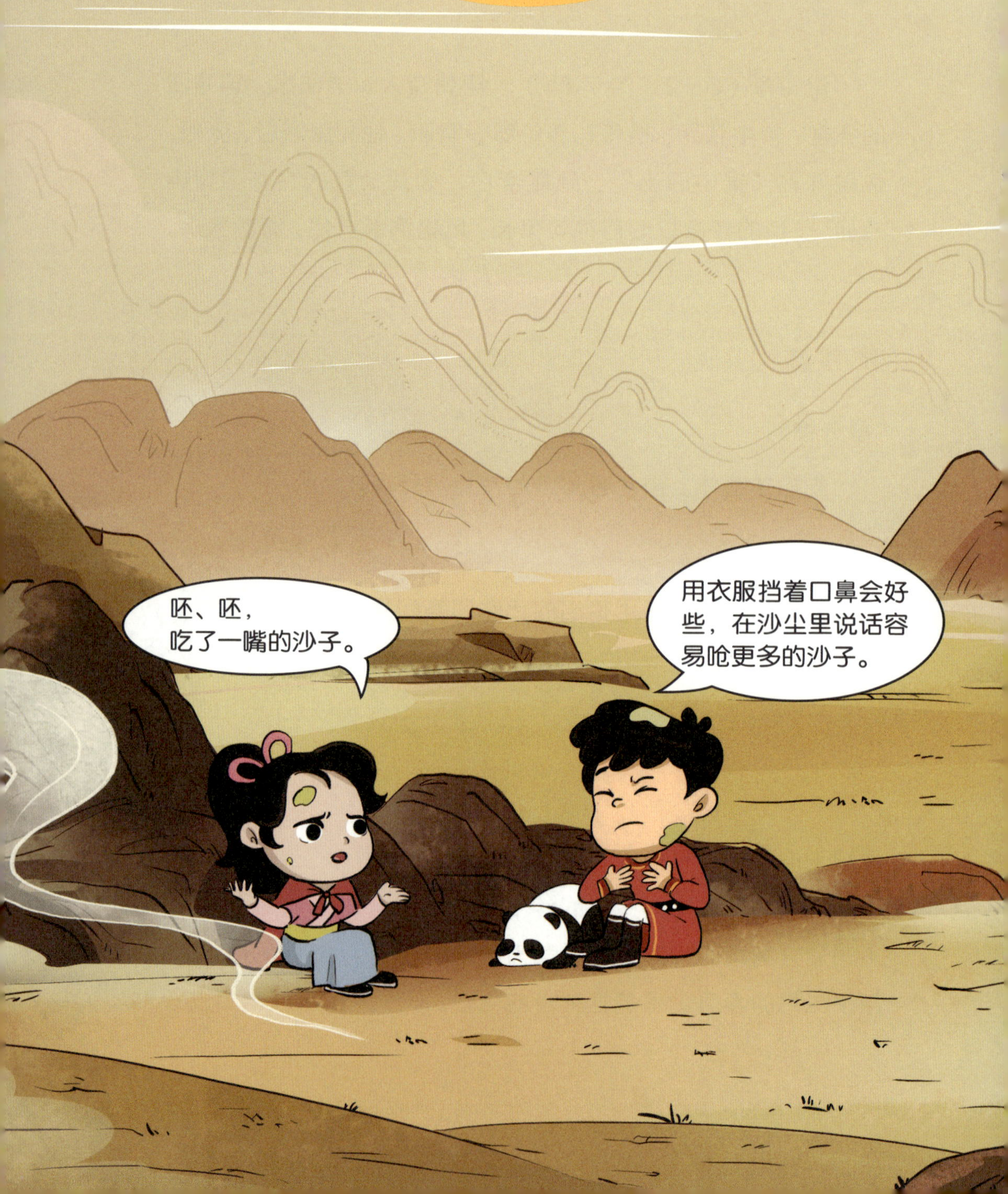

我们这是到沙漠了吗？描写大漠的诗句倒是很多。今天的环境这么特殊，应该会很好猜。

是啊，今天的环境真是恶劣。但咱们也不能掉以轻心，争取以最快的速度猜出来，好赶紧离开这个地方。

这个地方又荒凉又冷，漫天的黄沙像云团，遮天蔽日，你看看那太阳，隐藏在黄沙里，发出的光都变得昏暗了。这种破天气有什么好描绘的？如果是我，出门遇到这种天气就只想赶紧回家。我猜诗人想表达的情感肯定也很消沉……咦？诗人呢？怎么没有人？这是首没有人物的诗歌吗？

枣儿，万一你猜错了怎么办，别忘了诗歌的世界有无限的可能性。现在没有人，也许人一会儿就出现了呢。还记得之前我们遇到过一片黑暗的情况，都吓坏了，后来才发现我们和诗人一起在船里。我们先观察周围，等会儿如果有变化，就会产生新的提示。你有没有感觉到，风好像变大了，已经从凉飕飕变得刺骨的冷了，下雪了！

雪越来越大了，这地方本来就荒凉，刮着北风，还下着雪，真是"屋漏偏逢连夜雨"。谁这么倒霉，要来这种地方？

枣儿，看，一群大雁正冒着风雪往南飞呢。

嘘，有人来了。

已经送了很远了，就到这儿吧。我这就走了，一会儿雪太大了你就不好往回赶了。

没关系，再陪你走一段吧，感觉还没有跟你聊尽兴呢。

唉，此去山高路远，不知道还能不能遇见像你一样契合的朋友。未来的路，会怎么样呢……

还记得我们是如何成为朋友的吗？真的不用担心，你的才华足以让你在人群中闪闪发光。无论你去哪里，都会有倾慕你人品和才华的人走向你，结交你这个朋友。人生总要面对未知，未知不一定是坏的，也许比现在更好呢。

你真乐观，我要向你学习。

本来就是这样的。时间一直向前，得到的也有可能失去，只有一样东西谁也夺不走，那就是希望。我们都抱着希望慢慢往前走，过好自己的人生吧，这是我对你最真挚的祝福。

你的祝福我收下了。雪下得更紧了，就送到这里吧，我走了。你多保重，抱着希望，希望有生之年，我们还可以再见面，再秉烛夜谈。

别哭啦，他们都走远了。我能理解你的感受，但是咱们还有任务在身，猜出诗歌，我们就可以和诗人对话了，也许我们可以安慰安慰他。

不是啦，我并不是为他们的分别而哭，而是因为他们分别的时候，说希望今生还有再见的机会。古人的友情真的很珍贵，他们没有高效的交通工具和通信设备，有的朋友之间见一次面，可能一生都不会见第二次。但这并不影响他们在诗文里对朋友念念不忘，惺惺相惜，我觉得这样的情感很了不起。最后，我想说，我猜出来了。

这是高适的《别董大》，刚刚送朋友走的那个诗人就是高适。

别董大

[唐] 高适

千里黄云白日曛，
北风吹雁雪纷纷。
莫愁前路无知己，
天下谁人不识君。

先生您好。

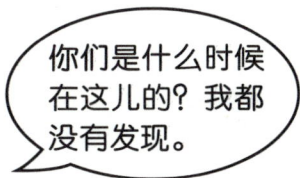

你们是什么时候在这儿的？我都没有发现。

我们……我们也是刚到，不过我们看到了您送别朋友的背影。

哦，是的，朋友要走，我送一送。

冒昧地问一句，看您跟朋友道别了很久，想必你们的感情很好，但是我看您并不是很伤感，我能问问原因吗？

你们的感觉很敏锐嘛。怎么说呢，伤感肯定是有的，但是伤感也没有用。别看表面上是我送他离开，其实我自己过得也不好，我们都是失意的人。这并不是说我们不好，而是这个世界有太多的事情并不由我们决定，只能说运气不太好。那又能怎么办呢，人生就是起起落落，不如意的事那么多，如果总是唉声叹气，感叹命运不公，除了让自己感觉不幸福以外，于事无补嘛。不如洒脱一些，豪迈一点儿，乐观面对，不放弃希望。所以我并没有特别伤感。更何况，我的朋友人品和才华都非常出众，我相信无论他到哪里，都会获得人们的尊重和认可。

您说得有道理，受教了。

话又说回来，你们是谁，你们找我要做什么？只是来问问我为什么不伤感吗？

我们从未来而来，帮助福龙回收您手中的龙鳞。

这么说，传闻是真的了。我不知道你们说的龙鳞是什么，不过我这里有一块会发光的石头，也许是你们想要的东西。

这样吧，如果你们能拆解我的招数，我就把这块石头还给你们。

您的第一个招数是"飞雁造景"。您要给这场送别加上一个场景，一个既能够反映您和朋友人生处境，又能够表达您内心世界的背景。您就像一位高明的画家，先用最大号的毛笔，蘸满了土黄色的颜料，在画纸上挥洒出整幅画的底色——漫天黄沙。黄沙遮天蔽日，很容易让人联想到您和朋友人生境遇的迷茫和苍凉。您又用粗线条勾勒出黄沙中间昏暗的太阳，那本来应该给人带来光明和温暖的太阳，此刻却隐身在黄沙之中，透不出阳光。这些还不够，您还要加上在旷野之中肆虐着的刺骨寒风和纷纷扬扬的大雪，把凄凉和萧瑟渲染得无以复加。在这么残酷的背景下，您信笔一点，加上了一群孤傲的大雁，向着温暖的家乡迎风而行。这一群大雁，让我联想到您和朋友不也是在逆境之中挣扎前行吗？因此您这两句苍凉之景，却暗含着积极的力量。

你答对了，第一个招数正是"飞雁造景"，要知道大雁是诗歌中常用的意象。大雁是一种非常恋家的鸟，它们在春暖花开之时要飞到北方，待到秋风起时，它们又要飞到南方度过寒冬。这是它们的生活习性，也是它们的宿命——漂泊、动荡、追寻、挑战。在我的诗里，正是通过大雁的这些特点来影射我们的境遇。运用"飞雁造景"时，可以先描绘背景，再给画面添加上细节，让一幅画同时拥有远景、中景、近景特写，画面就会丰富。造景越丰富、细腻，后面的抒情或议论才越容易引起共鸣。

现在我来分析第二个招数"哀景乐情"。我们分析了很多写景抒情的诗歌，见识了很多诗人对于景物和情感之间关系的探索，今天这首诗歌景情关系安排得也非常巧妙。正因为您和友人即将分别，你们都在经历人生的逆境，您的慷慨豪迈之情才更显得珍贵，您积极的人生态度才更有重量。您先把苦闷和苍凉融进了景物描写，让每个读者都感受到了您的境遇，但您并没有像很多其他诗人那样顺着这样的境遇抒发自己郁郁不得志的愁闷，沉湎于消极的情绪之中，而是宕开一笔，表达了您对友人的勉励，充满力量。您的热情、真诚、豪情、乐观也是在激励自己。环境的哀伤，在您顽强积极的生命之光面前也会消融。

是这样的。你们看过射箭吗？想要箭射得更远，就要先把弓往回拉得更多，这就叫蓄势。写作也一样，用萧瑟的景色把氛围拉得低沉，再让豪情一飞冲天，就会更有气势，更能震慑人心。"哀景乐情"是我探索景物和情感关系的一种尝试，你们有机会也可以试一试。当你们的思绪冲破现实束缚的时候，你们会发现，原来自己是如此强大，如此坚定。本来我打算用这块石头多换些钱补贴家用的，但既然它是你们的，就物归原主吧。你们小小年纪，有这样的见识和理解力，前途不可估量。你们也要像我诗里的大雁一样，别怕寒冷，别怕风雪，勇敢往前冲。

我们会的，先生。您也一定会得偿所愿的。

哈哈，这都不要紧，这是我的人生课题，时间会给我答案的。拿去吧，我也要继续我的旅程了。遇见你们真好，年轻的力量蓬勃恣意，我感觉我也变年轻了。再见吧，孩子们。

先生再见。

龙鳞回收成功……

哎呀，都没有来得及告诉他，他有多了不起。他这一生虽然跌宕起伏，但是一直在为自己的理想奋斗，一直在为国家做贡献。他的边塞诗赫赫有名，他与岑参、王昌龄、王之涣被合称为"边塞四诗人"，和岑参被合称为"高岑"。高适的边塞诗笔力雄健，气势奔放，洋溢着盛唐特有的奋发进取、蓬勃向上的时代精神。

来吧，开启技能试炼场吧，我准备好了。

试炼场开启！

　　高适的《别董大》把送别的场景设定在了北风呼啸、黄沙漫天、大雪纷飞的地方，刻画了凄清的氛围。你的故事发生在什么样的场景之中呢？你会描摹场景吗？

　　你参加过学校的运动会吗？你们学校的运动会是在春天还是秋天举办呢？那天的天气如何，场景是什么样的？

　　首先我们可以给场景铺上底色，那天是艳阳高照还是乌云密布呢？

　　如果让你画出这个背景，你会选择什么样的颜色？是用湛蓝色来描绘天空，还是用金黄色描摹阳光？是用银灰色代表天空，还是用土灰色装饰乌云？

　　学校操场和观众席就是这幅画的中景。你们学校的操场是什么样的？坐在观众席的同学们都在干什么？观众席是否区分颜色和区域？

也许你们学校的操场中间是绿色的草坪，草坪周围是红色的跑道，外围是银白色的桌椅构成的观众席。也许你们学校的布置完全不同，你想用什么颜色来描绘你们的操场？

　　最后是近景，你想把整幅画的焦点放在哪里呢？是跑道上你追我赶的赛跑运动员，还是终点线上严肃认真的评委？是在场地里穿梭忙碌的摄影记者，还是观众席上高声呐喊、为运动员冲刺助威的观众？

　　描绘场景时可以兼顾远景、中景、近景，这样的故事背景将更有感染力。你还记得什么样的场景，远景、中景、近景分别是什么样的？试着写出来吧。

　　高适在《别董大》中以哀景起笔，却表达了积极的勉励之情，你会以负面的景物起笔来表达积极的情感吗？

　　你是否曾因为别人的鼓励而重拾信心？你是否曾经因为别人的安慰而感觉到温暖？你是否曾因为别人的劝导而改变了消极的想法？如果有，你可以试着用"哀景乐情"的方法写写你心情的转变。

　　你想塑造什么样的负面环境？是凄风苦雨，还是风雪交加？是昏天暗地还是枯枝败叶？你想写的负面环境有什么样的特点？

　　你想描绘哪些景物来表现这一特点？

接下来，你被什么样的话鼓励、安慰、劝导了？你的心情发生了怎样的转变？转变以后，你眼中的环境有怎样的变化？如果你有这样的经历，不妨把你的经历写出来。

装备升级

▶▷ 人物介绍

　　高适（约704—765），唐代著名的边塞诗人，诗风慷慨苍凉，真实而有气魄，与岑参齐名，并称"高岑"。

▶▷ 绝招描述

飞雁造景

　　交代故事的场景，可以通过远景、中景、近景、特写来描绘。

哀景乐情

　　用消极的环境营造氛围，然后表达积极乐观的情感。

▶▷ 诗歌大意

漫天黄沙如云，太阳也变得昏暗，
北风呼呼地吹，大雁凌空，雪花纷飞。
你不要担心要去的地方没有朋友，
世上有谁不知道你、不敬重你。

第七章
《出塞》
时空勾连

福龙，我们怎么又来沙漠啦？
是啊，怎么感觉比上次的沙漠之行还惨呢，这里的环境比上次的还恶劣。
风沙太大，我只能保持这样的姿势。没办法，哪里有龙鳞，我们就会登陆到哪里，没得选。

速战速决吧，这风沙就像小刀子似的不停地划我的脸，在这里多待一会儿我都感觉自己要变成风干枣儿啦。

好，守护枣儿大作战！首先我们身处大漠，要猜的肯定是边塞诗歌了。可是边塞诗里最常出现的景物就是沙漠了，想要猜出来是哪一首诗，咱们得仔细辨认沙漠里的事物。

这是我第一次在沙漠里看月亮，感觉比江南的月亮更朦胧、更昏暗，而且月光在风沙里好像也变得模糊起来。远处的城楼应该是边关了，在广袤的沙漠里，显得那么渺小、孤单。

可是并不是每个人都能在温润的江南安安稳稳生活一辈子。江南的安稳也许都是这里的将士在保卫着。你们看，远处是不是有一队人马在缓慢移动？他们有的牵着马，有的背着行李，正在往城楼里走呢。他们是从军出征的吧……这么说，战争还没有结束，还有源源不断的人奔赴战场啊。

快看，破旧的城门楼上好像有人来！那是谁？为什么比其他的景物还模糊？

枣儿，这种模糊你熟悉吗？记不记得有一次，在油灯里我们也看到过模糊的影像？

我想起来了！王维的《九月九日忆山东兄弟》，他想象家人也在想他，那时候出现了幻象。这么说，今天也是这种情况？

应该是。现在我们要做的就是看看幻象里到底是什么。看起来是一位威风凛凛的将军，举着长矛，是正在鼓舞军心吗？

城门里好像还有很多将士，大家都在欢呼呢！啊呀！有新的影像出现，看装扮应该不是我方军队的，他们好像在将军面前畏畏缩缩的……他们撤退了！他们撤退了！

别喊啦，我看到啦，他们退兵了。

我想我已经知道答案了。这个场景，在我读这首诗的时候就想象过。

小丸子，我跟你说，这首诗我特别喜欢，就是王昌龄的《出塞》！

你们这次猜得很快！看样子是猜对了！

125

出塞

[唐] 王昌龄

秦时明月汉时关，
万里长征人未还。
但使龙城飞将在，
不教胡马度阴山。

看样子我们大唐诗人们，你们已经见识不少了。欢迎你们来看不一样的唐朝。

我们上一次的旅行也是到大漠，诗人是您的朋友高适。我们以为那样的环境够艰苦了，没想到今天的环境更差。您生活的时代被称为盛唐，按理说应该是国富民强，为什么还会有这么艰苦的环境呢？

你说得很好，现在我们的国家的确非常强大，生活在其中会感觉到非常自豪，但这并不是全貌。国家周边仍然存在着不容忽视的强敌，他们对富庶的大唐虎视眈眈，我们稍微松懈他们就会抢占我们的国土，掳掠财物。

所以很多诗人在游历到这里的时候都会感到震撼，原来是边疆的将士们守住了国门，守住了和平安宁的日子。

对，所以我们这些文人才会备受冲击，就好像血液中的爱国热情被点燃了。写边塞诗不一定要从军，不一定要常驻边塞，只要是来过边塞的诗人，没有一个不想好好写一写边塞诗的。闲聊就到此为止吧，比起我讲给你们听，我更希望你们能自己感受。我不知道未来国家变成什么样子，但是我相信，爱国的热情会沿着血脉代代相承的。所以我也希望你们能够拆解我的招数，感受到我的心情，理解边塞诗，唤起自己的爱国情怀。

先生，虽然我不知道您的第一个招数叫什么名字，但是我能感受到它的威力。

小兄弟请讲。

其实您并不是真的在说秦朝的月亮和汉朝的边关，您的思绪就像一架能够穿梭时空的机器，一下子带我们穿越到了秦汉，那时候高高挂在天上的月亮，就一直照耀着大漠中这座孤零零的边关城楼。过了一天又一天，一年又一年，一批又一批的将士们不远万里长途跋涉，从祖国各地来到边陲，他们在这里作战，在这里生活，甚至在这里死去。一朝又一代，国家王朝经历了创建、兴盛、衰落、灭亡，可是这些来前线打仗的将士们可能再也没有回去。我好像在非常短的时间内看到了一波又一波的人出生、长大、打仗、死去，感觉人特别渺小，历史特别宏大，战争特别无情。怎么办？我感觉自己要哭出来了。

孩子，这对你来说的确有些沉重了。你的解读很准确，我来告诉你这是什么招数，这叫"勾连时空"。诗人也是魔术师，我们可以创造似真似幻的场景，随心改变时空，可以让时间倒退，可以让时间变快，快到弹指一挥间千年已经过完，也可以让时间变慢，慢到瞬间即永恒。我们还可以空间移动，可以让边疆和江南比邻而居，可以让万里征程两步就迈完。

　　想让读者感受到诗作的深远和厚重，理解到边塞诗意义是如此不平凡，就要勾连时空，带读者去见证历史。我相信每一个人站在历史面前，都会被这些古迹扑面而来的沧桑和厚重感染到。只有这样，读者才会走进你的感受，体会你的感受。所以当你们再去参观古建筑时，不妨也运用这招"勾连时空"，想象古时候这座建筑里的人在做什么，想象这么长时间以来，这座古建筑以及古建筑里的人，都经历了什么样的历史。

我来解释您的第二个招数，叫作"真情假想"。您表达的情感是真实的，但是您抒情的手法是通过假想来实现的。您前两句诗提到了秦汉时期，自然会想到汉朝的著名将领李广，他驻守在卢龙城，英勇善战的威名响彻大地，震慑匈奴。匈奴送他外号"飞将军"，可见对他的敬重和惧怕。您想象着假如飞将军李广还在，肯定不会让胡人的铁骑踏入边境半步。看似说的是李广，其实您想说的是这些戍边将士们也和李广一样，有决心、有力量来加固边防，守住国门。您还期许着大唐也能出现像李广这样骁勇的将军，像李广守护汉朝一样守护荣耀辉煌的大唐。您的豪情冲出云天，让刚刚被历史厚重感击倒、内心伤感的读者一下子振奋了精神，自豪感油然而生，原来我们都如此热爱自己的祖国。先生，虽然您描绘的李广将军驻守边关的场景是假想的，但是此刻我内心的感动是真实的。

本来写这两句诗是我想勉励自己，让自己振奋起来的。刚刚在这寒风凛冽的城楼上举杯对月，还是不免伤感，但是听了你的讲解，我又一次被点燃了。小姑娘，你看似瘦弱，没想到心中竟有这样的大格局。你说得没错，我的第二招就是"真情假想"。它和"勾连时空"是一套连招，你们去游览一处古建筑，看到那些千百年前就存在的城墙楼阁时，你们肯定就会想象当时的场景。这时你们其实就已经进入那个时空，会很容易想象出那个时空里人们的一举一动，也很容易跟他们共情。就像我提起飞将军李广驻守城池、击退匈奴时，你们就能感受到我渴盼护国良将出现的殷切心情。

您的边塞诗意境开阔，同时又能捕捉典型的边塞场景进行细致描绘，还能够关注到将士们细腻的内心世界。您真不愧是唐代著名的边塞诗人，"七绝圣手"。我今天学到了很多，非常感谢您。

谢谢你们，小姑娘，还有小兄弟，你们的一番解读让我有大漠遇知音的幸福感。这是你们要找的龙鳞，真心希望你们下次不用再到条件这么艰苦的环境里来找龙鳞了，也希望我们这些文人手里的龙鳞神力能够保佑我们的祖国长治久安。

龙鳞回收成功……

试炼场开启!

福龙，打开试炼场吧，
他们肯定已经都掌握啦。

我们早就准备好
了，开始吧!

　　王昌龄的《出塞》描绘了边关的月色和城楼，想象了千百年来戍边战士有去无回的情境，为诗文营造了沉重的氛围，增加了历史厚重感，为后文的抒情奠定了基础。我们在游览历史古迹的时候常常会产生这样的想象，你知道怎么把这种想象写好吗？

　　你游览的是什么古迹？要想描绘清楚古迹周围的环境，准确地代入历史，需要我们对周围的环境认真观察。

　　你游览的时候是什么季节？在这个季节里，古迹周围有什么样的自然美景？例如，周围种满了婀娜的柳树，古迹的石块缝隙中长满了杂草等。

　　你游览的古迹有哪些独特的建筑？这些建筑是什么材质的？是石头的，还是木头的？这些建筑有什么特点？是富丽堂皇的，还是荒凉破败的？

与古迹相关的历史事件是什么？这个历史事件跟什么人有关系？

游览古迹会让你联想到历史事件发生时怎样的场景？发生了什么样的故事？

原来如此，我明白了，以前去旅游我只顾着看热闹，从来没想过可以设想古代发生的故事。如果我早知道"勾连时空"的方法，写游记作文时就有话可说啦。我得赶紧把这些问题记下来，下次再写游记作文的时候，我也想象古代发生的故事，肯定特别有趣。你参观过哪些古迹？在下面的空白处写一写吧。

现实生活中总会有各种各样的遗憾，也有可能会经历失败和挫折。在写记事作文时，我们经常会描绘遇到的苦难，无论经历什么失败挫折，我们心中还是会有不灭的信念。因此作文的结尾可以抒发这种壮志豪情，让你的作文意蕴深厚、情感真挚。王昌龄在《出塞》中，就用假设的方式，表达了真挚的情感。

你遇到的困难是什么？你感受到的遗憾是什么？你经历的失败或者挫折是什么？你想要如何勉励自己？

如果再经历一次挫折，你会做出什么不一样的选择？比如和好朋友吵架了，你会先和好朋友道歉，表达你的歉意和后悔，而不是像之前那样怄气，一走了之。

如果不能重来，你打算做什么来改善现状？比如期末考试考砸了，你想要如何发奋？想象之后你努力的样子，表达你的决心吧。

　　以前我最头疼的就是抒情，除了直接说我很开心、我很难过之外，我真的不知道该写什么。现在我知道了，我还可以通过假设抒情。要是我能时空穿梭就好了，我就能回到过去写作文的时候，替过去的自己写，并告诉自己，别着急，等你读了很多书，学习了很多的写作方法后，自然而然就会写了。如果你已经会了，赶紧写一写练一练吧！

升级成功！

王昌龄

▶▷ 人物介绍

王昌龄（698—757），唐代著名的边塞诗人，因擅长写七言绝句，有"七绝圣手"之称。诗歌含蓄委婉、意境深远，语言充满力量、富有气势。

▶▷ 绝招描述

勾连时空

想象游览的古迹在过去是什么样的，营造怀古氛围。

真情假想

假设情境来表达真情实感。

▶▷ 诗歌大意

从秦汉到如今，明月依旧照耀着边关，可是去前线打仗的将士还没有回来。要是飞将军李广今天还健在，绝对不会让敌人的军队越过阴山。

哈！春天多么美好，空气里有柳芽的清新和小草的清香。风仿佛也被明媚的阳光晒暖了，吹在脸上柔柔的。江水也活起来了，欢快地流动着，两岸的高山虽然巍峨肃穆，但因为春天长出新绿，就像披上了绿色的纱衣，也变得可爱起来了。在这样的环境里心情也会变好，干劲十足！让我们一鼓作气猜出诗歌回收龙鳞！看，山顶高入云霄的那座城里有人出来了，他坐上了船，从渡口出发了。清晨的阳光把山峦上的云彩照耀得五光十色，那船好像从彩云里驶来一样。

枣儿每次遇到特别美的景色时，语言都非常丰富，观察得也特别仔细。我接着你的观察来说吧，江水湍急，风在两岸连绵的山峰与江水形成的狭窄空间里呼啸而过，吹得人头脑清醒，也吹得行船飞快。这样的船速，估计很快就能到达目的地了。小船上的帆被风吹得猎猎作响呢。

是啊，风把水流声和两岸丛林间猿猴的叫声都送进了咱们的耳朵里，感觉这声音就像为旅行的人送行一样。

而且，我感觉这猿猴的叫声跟想象中的不太一样，怎么只觉得清脆悦耳，没有听出传说中的黯然神伤呢？

说明诗歌的作者心情好呗。

哎哟，咱们说这么几句话的工夫，船都走远啦。

按照常理来说，这船也走得太快了。小丸子，你还记不记得我们曾经也遇到过这种情况？行船的速度很有可能不是真实的速度，而是诗人心里的感觉。

你说得有道理，船行得如此之快，要么是归心似箭，要么就是感叹时光飞逝。结合猿猴的叫声和四周的景物来看，诗人此时应该很开心，说明应该是第一种。

小丸子，你猜到了吗？我好像知道答案了。是……李白的《早发白帝城》吗？

早发白帝城

[唐]李白

朝辞白帝彩云间，
千里江陵一日还。
两岸猿声啼不住，
轻舟已过万重山。

哈哈，我的诗作那么多，场景千千万，没有想到会在这里遇见你们。

太白先生。

 来吧，小友，介绍一下你们自己。

我叫枣儿。

 我是小丸子。

太白先生您好，我是璐璐，是您的忠实读者。

 哈哈，熊猫也会说话，妙哉，妙哉，我就说，这个世界上奇妙的事情太多，千万不能用常理去看待。你们好，我们到船舱里一叙。

太白先生，冒昧地问问您，您每天都这么开心吗？

怎么可能呢？我李太白再放浪形骸也是个无法超脱世俗的人，所以我才用诗歌来表达脑海里天马行空的想法。不过，你们来得正好，我满肚子的喜悦正好没人分享呢。

是什么事让您这么开心？

哎呀，此事说来话长啊。简而言之就是，最近呢，我被连累获罪流放，一路上我郁闷得喝酒都没了滋味。我心想，被流放到苦寒之地不要紧，可是没有美酒、美景，我这心里奔涌的热情都不知道朝哪里宣泄。好巧不巧，前两天，皇上突然颁布政令，大赦天下，我的罪责也被赦免了，我又可以游历天下，寻求时机来施展抱负了。你们说，这是不是天大的好消息？

太好啦，怪不得一路上我们观察到的景色这么美，一切都流动得这么快，原来是您的心境愉快。

被你们发现了。你们是要找龙鳞吧，被我镶嵌在这柄短剑上了，现在就请你们拆解我的招式，如果成功了，短剑和龙鳞都给你们。要是失败了，我就带着短剑去江陵，以后赠给有缘人。

不会失败的，就算我们不知道招式的名字，也会把它的作用解释得明明白白的，请太白先生相信我们。

我相信你们没问题的。招式名字有什么要紧，成功拆解了招式，你们自己重新命名也可以啊。

145

　　那我先开始吧。第一招"夸张大法"真是久闻大名，我觉得把夸张运用得最好的诗人非您莫属。擅长运用夸张手法的诗人很多，但是能把夸张用得炉火纯青、一点儿都不失真的就属您了。

　　仔细阅读您的诗就会发现，每一句您都运用了"夸张大法"，把真实的场景变换了形态。您想，就算山再高，山上的城池也不可能高入云端啊。可是刚才我们破解诗歌的时候仔细观察过，行船随着江水真的从视野的高处到了低处，从远处到了眼前，给人的感觉真的像是从山间的云朵里驶来一样。江陵距离白帝城千里，怎么可能一天之内往返呢？可是您这么写，我就感觉到这江水波澜壮阔、气势恢宏，这小船在极速航行。随着两岸猿猴的叫声，小船居然已经驶过了万水千山。这怎么可能呢？但是您写出来，我就感受到您心情的轻快和愉悦。运用"夸张大法"，使您的文字读起来非常畅快、自由，特别过瘾。

小丸子，你的解读很准确。你们想想，如果只能老老实实地用语言文字复制景物，那多么无聊啊。我认为，只有运用了夸张变形，才能把我心里的感受准确地表达出来。你们想想，如果我说，楼真高啊，你能感觉到它到底多高吗？说它高得站在上面伸手都能够着星星了，你就会感叹，原来楼这么高啊。

　　你们要记得，使用"夸张大法"时事物都会发生变形，有的效果会扩大，变得更高、更大、更强；有的效果会缩小，变得更少、更低、更弱；有的效果会缩短时间，提前看到结果，比如刚种下种子就闻到果实的香甜。使用"夸张大法"是为了更准确地表达内心的感受，可不能为所欲为，否则你的文章就会错乱不堪。

　　太白先生，我想拆解您的第二个招式，"烘托之焰"。以前我觉得招数厉害才是真的厉害，是您让我意识到能把招式运用到炉火纯青又有创造性才是真的厉害。

哦？

　　您的这招"烘托之焰"有两层效果。您说岸边猿猴的叫声还没停下来呢，轻快的小船已经穿过了层层叠叠的山峦。这句话小丸子分析您使用了"夸张大法"，同时您也融合了"烘托之焰"。您没有直接描绘船行，而是用猿猴的叫声和连绵不绝的山峰来烘托行船之快。这是第一层。如果您只是想表现船行之快，为什么不直接用"快"舟，而用"轻"舟呢？一定是"轻"更准确。您为什么会觉得船"轻"呢？我想，肯定不是因为船的材质轻，而是因为您的内心感觉到轻快。我想到刚跟您见面时，您说自己刚刚得到赦免，这是多么值得庆贺的一件事。您听了这个消息肯定一扫阴霾，觉得身心畅快轻松。所以我认为这"烘托之焰"的第二层，是您用行船的轻快来衬托此刻内心的轻快愉悦。

枣儿姑娘体会到了我的用心，人们的内心有了倾吐的欲望，会催着人去创作，而读者如果能够体会作者的心情，产生共鸣，这不仅仅是读者的幸运，也是作者的幸福。现在我就把"烘托之焰"的奥秘传授给你们，让你们也能够在文字的世界里更自由地驰骋，创造出更宽阔的空间让读者自由地联想。你可以用"高的"来衬托"更高的"，这是"正衬"；也可以用坏人的"邪恶"来衬托好人的"善良"，这是"反衬"；还可以像我一样，用周围的景物来衬托心情，这是"以景衬情"。无招胜有招，你们不用记得这些招式的名字，只要理解了招式的含义，记住这些心法，在写文章的时候学会使用就行了。

　　太白先生谢谢您！您的建议虽然有些我还听不太懂，但是我会先记下来，以后慢慢理解的。

　　哈哈，老夫太啰唆了。年纪大了，心情又好，加上碰到知音，就难免啰唆两句。答应你们的东西要给你们，我的任务也就完成了。祖国的大好河山太美了，美得让人心醉，等到了江陵，我要打上一壶好酒，好好醉上一醉。咱们就此别过吧。

　　多谢太白先生，感谢您让我们读到很多朗朗上口的好诗，再见。

快，开启试炼场，我已经等不及啦。

好嘞！试炼场开启！

使用情境 1　万能夸张

　　无论是写人、记事还是写景状物，都有"夸张大法"发挥作用的空间。李白是擅长想象和夸张的高手，《早发白帝城》中几乎每一句都灵活运用了夸张手法，但是读起来并不会让人觉得不真实，这就是他的厉害之处。你会运用"夸张大法"来描绘事物吗？通过一个情境来练习运用吧。

图片上是一个非常狭小的房间，你打算如何描绘这个房间呢？

你可以借用其他小的事物来形容它。你见识过哪些"小"的事物？比如火柴盒，比如芝麻粒，这些都是常见的"小"的事物，我们可以说这个房间像芝麻粒、火柴盒一样小。可是如果所有人都用这样普通的事物来夸张，文章就会千篇一律，你还能想到什么小的事物？

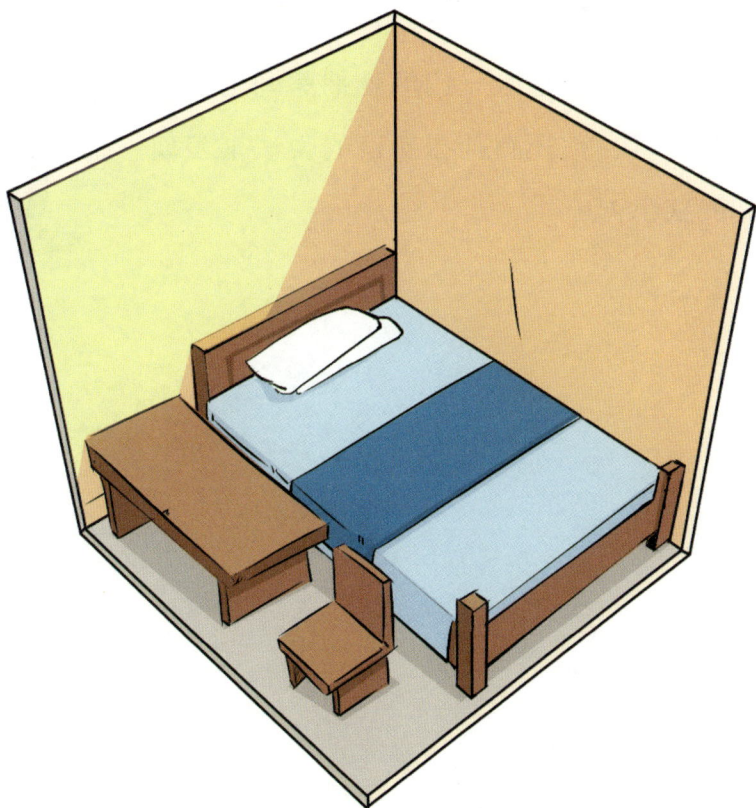

这个房间除了"小"还有什么特点？比如狭窄、拥挤、憋闷……

还有什么样的情况能让你感觉到"狭窄"？比如在房间里胳膊都无法伸直。

还有什么样的情况会让你感觉到"憋闷"？比如关上房门就像被大力士掐住了脖子。

我的天，如果让我住这样的房间，我可能都不敢喘气，怕吸一口气就把房间里的空气给吸光了。你还有什么新奇的说法来表现房间的狭小？

　　俗话说"牡丹虽好，也要绿叶扶持"，衬托能够让事物的特点更加突出。李白在《早发白帝城》里用猿猴的叫声和两岸连绵的山峰来衬托行船之快。我们经常用衬托的写作手法来写人，这样人物的形象和性格特点就更加突出啦，你会用衬托的写作手法来写人吗？

　　观察你要写的人物有什么样的特点，可以观察其外形的特点，也可以观察人物的性格特点。

　　如果要写枣儿很瘦，你想如何衬托？

　　可以写枣儿比一个很瘦的人还瘦，你认识的非常瘦的人是谁？你想如何描绘这个人的瘦？

　　如果想写枣儿很勇敢，你想如何衬托？

　　可以写别人面对电闪雷鸣时的胆怯来衬托枣儿的勇敢，这个人的胆怯是通过什么事体现出来的？

　　如果写枣儿很开心，你想如何衬托？

　　可以写枣儿放学回家时遇到的景物来衬托枣儿的心情。

我现在明白了，那棵树那么高，我站在树下腿都抖了，枣儿居然嗖嗖地爬上去了。你会用衬托的写作手法来写人了吗？你想写的主人公什么特点？试着运用衬托的方法写一写吧。

福龙，你刚找回来的龙鳞开始发光了！

枣儿，别愣着啦，赶紧把卡牌收起来吧！

装备升级

李白

▶▷ 人物介绍

李白（701—762），字太白，号青莲居士，又号"谪仙人"，唐代伟大的浪漫主义诗人，被后人誉为"诗仙"，与杜甫并称为"李杜"。他的诗风豪迈奔放，清新飘逸，想象丰富，意境奇妙，充满浪漫主义。

▶▷ 绝招描述

夸张大法

用夸张的修辞手法把描写的人、事、物、景进行变形。

烘托之焰

用其他事物来衬托要描写的事物的特点。

▶▷ 诗歌大意

清晨告别高入云霄的白帝城，
千里远的江陵一天就能来回。
两岸的猿声在不停地啼叫，
不知不觉中轻舟已经穿过重重叠叠的山岭。